子どもを伸ばす
自立のための家庭のしつけ

この本は、「子どもを伸ばす」シリーズの集大成です。子どもが育つ家庭のなかで、毎日の生活をとおして親が子どもを育てていくときに、どのように子どもの成長をとらえ、寄り添い、励まし、手を離していけばいいか、という考え方と具体例を、「しつけ」としてまとめました。「子どもを伸ばす」シリーズでは、すでに「お片づけ」「毎日のルール」「お手伝い」「手仕事・力仕事」を個別のテーマとして取り上げています。個別のテーマに関心のある方は、そちらを見ていただけると、より実践しやすいかと思います。

子どもを伸ばす　自立のための家庭のしつけ

目次

2章　働いて生きていくことができるように

はじめに

子どもが家を出る日のために

いま、この本を手にしている方は、子育てまっただなかの親御さんでしょう。お子さんが2、3歳なら、あとを追いかけまわす毎日で、ほっと座る時間もないかもしれません。小学生のお子さんであれば、学校のことや習いごとなども、親がいっしょに行動しなければならない場合が多く、まだまだ自分の時間がもてないでしょう。その先の年齢のお子さんであれば、受験や塾など将来の進路が大きな心配事となり、そしてまた自分の世界をもちはじめた子どもに向き合うときに、親としての自信が揺らぐような場面もあると思います。

日々、育つ子どもとともにいて、心も身体も忙しく追われつづけるのが親という仕事です。家庭という場を気持ちよくまわすために、妻として母親としてがんばりながらの子育てなのだから、ほんとうに「お疲れさま」と思います。

さて、ゆっくり休んだり、じっくり考えたりする時間も取りにくい、忙しい子育ての日々を過ごしているおかあさん、そしておとうさん。この機会に、ちょっと立ち止まって、あらためて子育てについて考えてみてください。

子育ての目標は、なんでしょうか。

「幸せな人生を送ってほしい」「人の役に立つ仕事を見つけてほしい」「温かい家庭を築いてほしい」……日々成長する子どもを前にして、願うことはたくさんあるでしょう。

願いはたくさんあるけれど、親として、最低限、しなくてはいけないこと。子育てという仕事の、使命。それは、何なのでしょうか。

子どもを一人前にすることが親の使命

私は、いまも昔も変わらぬ子育ての使命とは、子どもを一人前に育ててあげることだと思います。身体の面でも、心の面でも、自分の力で一人前に生きていくために、必要なことを仕込むことです。

では、「一人前」とはどういうことでしょうか。大人の身体になるまで、子どもにちゃんと食べさせて、病気になったら手当てをして、育ててあげることは当然として、

1　自分で自分の身のまわりのことができる
2　働いて生きていくことができる
3　人とよい関係が築ける

私は、この3つのことができるように仕込んで、はじめて親は安心して子どもを世の中に送り出すことができると考えています。この3つは、親の仕事です。

おむつをしていた赤ちゃんが、「おしっこ」と言えるようになり、一人でトイレに行って始末までできるようになることが、子どもの成長のはじまりです。そして、文字を書いたり読んだりできるようになり、家族のためにお手伝いしたりお友だちと仲よく遊べるように

なって、だんだん世界が広がっていく。その道は、子どもがひとりでしっかり立って歩んでいく「自立」につながっているのです。

親しか子どもをしつけられない

身のまわりのことや人間関係を築くことは、子どもが自然に身につけるもののように思えるかもしれません。あるいは、保育園や幼稚園、学校教育の一環で、ちゃんと教えてくれるものだと期待している人もいるでしょう。

けれども、これらは、親にしかできないことです。親にしかできない、家庭でしか教えられない、たいせつなこと。

毎日の暮らしのなかで、親に手を取り足を取って教えられ、口から口へと伝えられて、ようやく、子どもは身のまわりのことを身につけられる。親をお手本にした生活のなかで、ようやく、自分の言葉を得、ものを考える訓練をし、ほかの人間に温かいまなざしを向けられるようになる。子どもにこの基礎がなければ、学校の先生や近所の大人などの教えも、子どもが豊かに育つ助けとはなりにくいのではないでしょうか。

私は、子どもを一人前に育てるために親が教えるさまざまなことを「しつけ」と呼ぶのだ、ととらえています。しつけとは、食事のときのマナーやあいさつなどのルールといったテクニックを教えることにとどまりません。あるいは、品行方正でお行儀のいい子に育てることが、しつけの目的なのでもありません。一人前の自立した人間として、親元を離れてもりっぱに生きていけるように親が子どもに教えるすべてのことが、しつけなのです。

最初に「親の使命」と書きましたが、ほんとうに「子どもをしつける」とは、義務とか愛情とかの言葉で表現するよりも、親に与えられた誇らしく、でも厳しい使命だと表現するほうが、私にはしっくりきます。

「育つ」と「育てる」のバランス

このところ、教育関係者のあいだでは、「子どもは育つもの」という言い方がされています。過保護になりがちな日本の親に向けた、「子どもには自分で育つ力が備わっているのだよ。親はそれを見守ることがたいせつだよ」というメッセージです。

ただ、最近はちょっと、この「育つ」というメッセージが一人歩きしているように思います。「育つ」と聞くと、もともと子どものなかには成長していく力が備わっていて、親がじょうずに見守っていれば、自然に一人前になると安心したくなります。「育つ」ことに安心できるから、親としては、親ができることとして、才能を伸ばしてあげたい、教育を身につけさせていい将来を用意してあげたい、と、もっとステップアップしたくなります。

けれども、親が子どもの「育つ」に安心して、たいせつなことを教えないでいては、育つものも育ちません。なぜなら、「しつけ」と呼ばれることの大部分は、子どもの内部に備わっているものではないからです。

くりかえし手や身体を使って覚えなければならない技術であり、だれかから「そういうものだよ」と示されなければ、知らないままで終わる知恵なのです。

これは、ひとりの親として、そして、ひとりの女性としての素直な実感でもあります。私は、親から多すぎるほどの愛情を受け、高い教育まで受けさせてもらいながら、一人前の人間として、そしてまた一人前の女性として、身につけていなければならないことが欠けていたために、恥をかいたり、失敗したり、悩んだりしてきました。それは病弱だったこともあり大切に育てられすぎたために、そしてまた、受験戦争の時代で勉強最優先だったために、「しつけ」があとまわしになっていたのだと思います。

自分の子どもをもったあとも、教えなければ子どもはわからない、しつこく手や身体を動かさせなければ身につかない、つまりは、多くのことは親である私の責任なのだ、と子どもの日常から教えられました。それでも、いまも反省することばかりです。

「育つ」力を信じながら、しっかりと「育てる」。親が、そんなかしこいバランス感覚をもてると、子どもはほんとうにのびのびと、たくましく育ってくれるに違いありません。そして、才能を伸ばすのも、勉強で秀でていくのも、社会で力を発揮するのも、しつけが身についた子どもなら、自力で獲得していけることなのです。

どうしたらしつけがうまくいくのか

子どもをしっかりしつけたいと、日々奮闘している親御さんから、「しつけがうまくいかない」という相談を受けます。共通するのは、片づけやあいさつなどのテクニックのむずかしさが問題ではない点です。

言われなければ片づけをしない、あいさつがきちんとできない、など、表面的にはいろいろな状態に見えていても、まず、「自分からすることができない（自発性）」「自分でつづけられない（継続性）」の問題が、共通しているように思います。

なぜ、子どもたちは自分からできず、つづけられないのでしょうか。ここでいったん、現代の子どもの状況を考えてみましょう。

いまの子どもたちの置かれている環境が、たいへんきびしいことは、いまさら言うまでもないでしょう。ここでは専門的な内容には触れませんが、親として知っておいたほうがいい子どもの現状として、2つの内容を書いておきます。

ひとつは、子どもの自信のなさと自立心の低さです。

たとえば、日本の子どもたちの自信度がいちばん低く、「自立はたいせつ」と思ってはいるのに「自分は自立している」と思っている子が少ないとわかったという調査があります（河地和子「思春期の子ども世界4都市調査」2000年、スウェーデン、アメリカ、中国との比較）。

一方で、親から干渉されすぎている過保護型の子どもと、深い愛情を受けず放任されているネグレクト型の子どもの、2極化が起きていて、どちらにしても、素直でいい子だけれども、自信をもてない状態になっている、とも言われています。自力で「わかった！」とか「できた！」と思える生活上の経験が少なくて、「自分にはできる！」という自信がもてない、という指摘もあります（柏木恵子『子どもが育つ条件』岩波新書）。

もうひとつは、「見えない学力」が低いということ。

「見える学力」には、知識や技能など計れる力、そして思考力や判断力など計りにくい学力があるけれど、その氷山の一角の下の部分、「見えない学力」の低さが日本の子どもたちの特徴だといいます。意欲をもって学びたいと思えたり、好奇心をもって問題に向き合える、集中しながら持続できる、といった力が、ほんとうの考える力の基礎となるのに、それらが低いというのです。さまざまな要因が考えられるけれど、生活体験の少なさが原因のひとつではないかと考えられています。

私は、家の仕事や家族の仕事を役目をもってこなし、一人前の人間としての責任を与えられてそれをこなそうと努力することで、自信や自立心、そして「見えない学力」が豊かに育くまれると考えています。

責任ラインを引き上げていく

さて、話を戻しましょう。

子どもが自信をつけ、見えない学力を身につける生活体験のチャンスは、毎日の暮らしのなかにたくさんあるものです。でも、そのチャンスを子どもに与えないでいるのは、じつは、親なのではないでしょうか。

着替えをするときに、つい手助けしてしまうと、「自分でできた！」とは思えません。親心で、「今日は寒いわよ、上着をもう一枚着なさい」と手渡してしまうと、子どもが自分の感覚で「今日は上着が必要だな」と判断することもできず、「やっぱり着てきてよかった」と自分の判断の正しさを実感することもできません。

しつけがうまくいかないのも、同じこと。しつけには、いかに親が手を出さないで子どもの手にゆだねていけるかが問われるのです。テクニックは簡単なのに、子どもが自発的・継続的にできるようにもっていくのが、むずかしい。だから、子どもの手と身体を、なるべくたくさん動かさせて、手と身体で覚えさせるしかないのです。

それができるのは、1回ではできるようにならない子どもに、愛情をもって、辛抱づよくつきあいつづけて、何度でも同じことが言える親しかいないのではないでしょうか。

前述の河地和子さんの書いておられたことですが、欧米の親には責任ラインという考え方があるそうです。幼いころから、子どもが自分でできるラインを設定して、そのラインまでは子どもに任せる。でも、そのラインから上は、親がしっかり監督する。

年齢とともに、親はいろいろなことを教え、しつけていって、子ども自身に任せられる範囲――責任ラインを上げていく。でも、親元にいる限りは、全責任まで子どもに任せてしまわないで、最後の部分は親の責任で子どもを守る。

このように考えて、親としての態度を決めていくと、しつけは自然に「自立」につながっていくのではないでしょうか。日本では、それまで「お手伝い」としてしていた子でも、思春期になると、家事も身のまわりの世話も、親任せになるのは珍しくありませんが、それでは赤ちゃんに逆戻り。私は、自分の部屋の掃除は、思春期の子どもの権利だとさえ思います。

この本の年齢区分は、このような考え方にもとづいています。

家を追い出す日が子育てのゴール

親の使命は、子どもを一人前に育てあげること。そう考えると、子育てのゴールは、子どもが家を出て行く日です。いいえ、親が子どもを「私たちは、あなたに仕込むことはすべて仕込んだよ。あとは、自分の力で生きていきなさい」と安心して家を追い出す日が、ゴールなのではないでしょうか。

自立して生きていける人に。そして、自立のうえに築かれる「自律」に向けて努力できる人に。3歳、6歳、10歳と順を追って、少しずつ家事など身のまわりのことや、読み書きそろばんなど働くための基礎や、あいさつなど人間関係の基礎を教えて、10歳にはひととおり仕込み済みにしましょう。思春期以降は、もう親の言うことなど、素直に聞かなくなるかもしれません。仕込みは、思春期までが勝負です。

思春期以降は、仕込みがほんとうに身につくように、親といっしょに暮らしているうちに、くりかえしくりかえし、毎日の暮らしのなかで「やっていく」時期です。そして、このころまでに親の口から伝えられ、親の姿から学んだ「生きる意味」「働く意義」などのもっと深いことを自分なりに消化したり、帰宅時間を守るなど自分で自分を律していく練習をしたりする時期です。

この本の構成は、1章から3章までが「自立」に関係すること、4章と5章が「自律」に関係することとなっています。各項目には、「3歳まで」「6歳まで」「10歳まで」「思春期から」と区別して、具体的なしつけ方・言葉がけを書いておいたので、どの章もすべての年齢の子育ての参考になるかと思いますが、全体の流れとしては、1章から5章に向けて、少しずつ高度な内容になっていると考えてください。

親も成長する喜びを

最後に。「しつけ」というと、「親がまず完璧であらねばならない」とか「いつも一貫した内容で教えなければならない」と身構えてしまうかもしれません。だから、きゅうくつで、むずかしいことだと感じている方もいるでしょう。

けれど、しつけとは、いわば親から子へと受け渡す、生きる技術であり生きる知恵です。生き生きとして、柔軟で、温かい実学です。完璧な教師になる必要はありません。親には、だめな部分、子どもに教えられる部分があったほうがいいくらいです。

だれよりも子どもの心に寄り添い、子どもを信じ、子どもの成長と歩みをともにし、自らもいっしょに成長できるのが、親なのです。そこには、悩みと自信、怖れと喜びが同時にあってあたりまえだし、だから、親とは哀しくもまた美しい、かけがえのない存在なのだと思います。どうぞ、おおらかに、子どもとともにある日々を楽しんでください。

1章

身のまわりのことができるように

日々の暮らしに基づける人

たとえば、お腹が空いたら食材を買いに行って、料理をして、食べる。部屋で物を使ったら片づけて、汚れたところは掃除をする。ドアの取っ手が緩んで使いにくくなったら、ドライバーでネジを締めて直しておく。そんな身のまわりのことは、できたほうがいいし、できてあたりまえのことでもあります。

一人前の自立した人として、人の力をあてにしないで生き、みんなのなかで自分の役目をきちんと果たしていくためには、身のまわりのことができる技術と知恵をもっていることがどうしても必要です。言い換えれば、身のまわりのことがひとりでできない人は、半人前だと言ってもいいのではないでしょうか。

そして、身のまわりのことを自分の手や身体でするときに、「私は、たしかに私なんだ」「私はちゃんと一人前になったんだ」という実感も得られるのです。身のまわりのことをちゃんとしている人には、偏りなく落ち

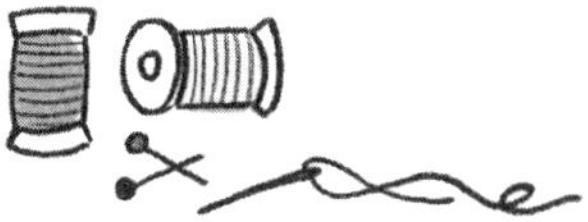

着いている感じ、しっかりと自分に拠《よ》って立っている感じがあります。

この章では、子どものうちに親が仕込んでおきたい身のまわりのことを取り上げています。ただし、教科書的な正しいテクニックを身につけさせることは、目的にしていません。正しいテクニックを知っているよりも、家族や自分が気持ちよくすごせるように、手や身体をちゃんと動かせるほうが、ずっとたいせつです。親のすべきことは、子どもの身体を動かさせること、自分の頭を使う機会を作ること。そう考えてみてください。

もし、「洋服はどうたたむのが、正しいのだろう」「掃除のときは、どんな洗剤を使うように教えればいいのだろう」などと疑問に思われるときは、まずはご自身の親御さんにお聞きになることをお勧めします。そのうえで、この時代の便利なツールを利用してください。インターネットでも雑誌でも、あらゆるところにテクニックが掲載されています。そのなかから、「これはやりやすそうだ」「子どもに教えたい」という内容を、ご自身の価値観でピックアップすればよいのではないでしょうか。

自分のことは自分で

子育てのもっともシンプルな目的であり、親の心からの願いでもあるのが、「自分のことは自分で」できるようになってほしい、ということでしょう。成長とは子どもが自分のことを自分でするようになっていく過程そのものです。食事も、着替えも、トイレも、外出も……。

ところが、「言われないと歯を磨かない」「いつも服が脱ぎっぱなし」と嘆く親や、小学校高学年になっても「何を着ればいいの?」「どこにしまうの?」と親に聞かなければ自分のことができない子どもがいるのも現状です。どうして、親の願いと現状とが、ずれてしまうのでしょうか。

3歳前後に、「自分でできる」「見てて」と、親をてこずらせる時期があります。かつては反抗期と呼ばれ、いまは自我の芽生えと言われます。根源的な自立の欲求は人に備わっているものであり、その芽生えはどんな子にもある。それなのに、「危ない」「急ぐから」「じょうずにできない」と、愛情ゆえに手を出して、その芽をつんでしまうのは、親自身なのです。

この年齢なら これくらい

3歳まで

ほとんどの子どもは、「反抗期」の３歳前後になるより前から、シャツの袖を自分で通したがったり、遊ぶおもちゃを自分で選びたがったりしているものです。手を出したくても、横で見守って、「お袖からお手てが出たね。ひとりでできたね」といっしょに喜んであげてください。

6歳まで

トライしたがることが増えてきます。この時期に、失敗しても、時間がかかっても、自分の力で自分のことをさせてもらえた子どもは、「やればできるんだ」「自分でできるのは気持ちいいんだ」という自信や喜びを蓄えていきます。それも、親が見ていてくれるからこそ、がんばれるのです。

10歳まで

包丁を使う、電車やバスに一人で乗る、お泊まりの準備をする、自分で時間を決めて宿題をする、などひととおりのことができてもいい年齢です。大人のような完璧さを求めるよりも、自発的に気づき、動けたことを「さすがね、もうこんなに大きくなったんだね」と認めてあげましょう。

思春期から

精神的に自立していく年齢は、頭でっかちの年齢でもあります。勉強やスポーツで忙しく留守がちにもなる思春期以降に、親があれこれと子どもの身のまわりの世話を始めてしまう家庭がありますが、どうぞ、自分のことを自分でする「権利」と「義務」を子どもに伝えてください。

家の仕事ができる

家の仕事――家事とは、なんでしょうか。主婦の役目のつまらない仕事、めんどうくさくてきりのない仕事。そんなマイナスの見方をもって一生すごすのは、もったいないことです。

家の仕事は、家族のための仕事でもあります。家族という、いちばん小さな共同体のなかで、大切な人の役にたつ喜びとともに暮らすことは、子どもがこれから自信をもって生きていく礎となるはずです。

また、家の仕事は、手や身体を使う仕事です。ただでさえ情報化が進み、頭でわかったつもりになりがちな日常のなかで、ほんとうの意味で「考える」力を育むのは、手や身体の仕事です。

そして、家の仕事は、自分の身体を養う仕事です。「たしかに私は私だ」「私は生きて暮らしているのだ」というどっしりと安定した感覚は、自分の身体への鋭敏な感覚から備わってくるのではないでしょうか。

子どもであっても、家族の一員として、家の仕事を分け与えてください。

この年齢なら これくらい

3歳まで

家の仕事は、全体で大きく流れています。炊事、洗濯、掃除といった大きな流れ全体のなかで、ごくごく小さな部分だけでも、その子の役割ができるといいですね。食卓にお箸を並べる、お風呂の栓を抜く、おとうさんに新聞を渡すといったことで充分です。

6歳まで

「お手伝い」をしたがるころ。「包丁を使えた」「掃除機が使えた」など「できる」ことに大きな達成感を得られる時期。気まぐれに「お手伝いする」と言い出すときに任せるよりも、役目をつくってあげてください。身体能力面では小学校入学のころにはなんでもできます。

10歳まで

遊びの延長ではなく、一人分の「手」として働けるでしょうか。小学校でも「当番」があるように、家庭でも子どもの仕事を決めてしまうと、実行しやすいものです。「お風呂掃除は○○君の仕事」「土曜日には窓拭きをする」など、親子で約束を。

思春期から

「あなたがいてくれるから、家の中がいつも気持ちいい」「ほんとうに助かる」と言ってあげられるでしょうか。成長すると日々忙しくなりますが、家の仕事をする5分10分が取れないというのは言い訳です。親が仕込めるうちに、どんどん働いてもらいましょう。

10歳まで

ひとりの働き手として

◆食卓の配膳をする
◆食器を拭いて片づける
◆お米を研いで炊飯器をしかける
◆ソーセージをフライパンで炒める
◆おかあさんが掃除するとき、居間を片づける
◆自分の部屋に掃除機をかける
◆窓を拭く
◆洗った靴下を干す
◆濡れた傘を干す
◆洗濯物をたたんでしまう
◆お風呂に入ったあとに掃除する
◆朝着る服を自分で用意する
◆自分のうわばきを洗う
◆ゴミを収集場所に捨てに行く

思春期から

家族のなかで役割を果たす

◆お茶を入れてお客さまに出す
◆家族の留守に家を守っている
◆決まった家の仕事がある
◆家族が働いている手助けをする
◆トイレの汚れに気がついて掃除する
◆料理を作って家族に食べさせる
◆買物のとき補充すべき物に気がつく
◆親が言わなくても自分の部屋を掃除する

たとえばこんな、お手伝い・後始末

3歳まで　遊びの延長でいいのです

◆テーブルにこぼしたジュースを拭く
◆おもちゃをおもちゃ箱に戻す
◆新聞や雑誌をおとうさんに渡す
◆脱いだ服を洗濯かごに入れる
◆玉子焼きのために卵を混ぜる
◆食べ終わったお皿をキッチンに運ぶ
◆ハンカチをたたむ
◆使ったハンカチを手洗いする
◆ティッシュが切れたら親に教える
◆自分が脱いだ靴をそろえる
◆朝起きたらかけ布団を半分に折っておく
◆エレベーターのボタンを押す

6歳まで　ひとりでできた喜びを

◆トイレットペーパーを補充する
◆使ったはさみを元に戻す
◆ピーラーでにんじんの皮をむく
◆包丁できゅうりを切る
◆卵を割る
◆ペットにえさをやる
◆花に水をやる
◆ポストから郵便を取ってくる
◆暗くなったら玄関の電気をつける
◆見終わったらテレビを消す
◆ぬいぐるみをお日様に干す
◆コートをフックにかける

後始末を身につける

親が子どもの身体に覚えさせるべき身のまわりのこととは、大半が「後始末」なのではないでしょうか。なぜなら、服を着る、ごはんを食べる、おしっこをする、おもちゃや本を取り出す、といった日常の行動は、「したい」という気持ちに基づいているから教えなくてもできるのです。

身体が発達するにつれ、だれかがしてくれるのを待つよりも、「自分でしたい」と動くようになり、そのテクニックを身につける。それは自然の摂理とも言えます。一方、「したい」がかなえられたあと――服を着替えて脱いだほうのパジャマ、食べ終えたあとのお皿、汚してしまったトイレの便器などの後始末は、ただめんどうなだけ。

けれども、次に使うときやあとの人のことを考えたら、その場で始末しておくほうがいい。後まわしにするより楽だし、家のみんなが気持ちいい。

そんな身体の感覚を身につけ、自然に動く身体をもつことは、子どもが、一生気持ちよく暮らしていくための財産です。

この年齢なら これくらい

3歳まで

お菓子のあき袋をゴミ箱にポイする、脱いだパジャマをカゴに入れる、といった小さな後始末を自分ですることを習慣にしましょう。「あき袋はどこにポイするんだっけ」ときいてみる、「脱いだパジャマは、洗面所のカゴに入れようね」と具体的に教えるのがいいようです。

6歳まで

幼稚園や保育園では、身のまわりのことを自分ひとりでしています。家でできないのは、おかあさんがしてしまうからでは？　トイレを流し忘れていたり、靴が乱暴に脱ぎ捨ててあったりしたときに、「ちょっとおいで」と呼んで、子どもの手を動かさせるようにしてみましょう。

10歳まで

「出したら戻す」「汚したらきれいにする」という流れが、身についているでしょうか。うっかりお皿を割ってしまった、洋服にかぎ裂きを作ってしまった、といったアクシデントが起きたときも「そこをどいて」「貸してごらん」ではなく、「ほうきで掃いて、あとは掃除機で吸うのよ」などと、教えてあげてください。大切なことを覚えるチャンスです。

思春期から

自分のものを片づけるついでに家族の分も台所に運ぶ。こういうことにも気がまわる年齢です。「助かるわ」「気が利くわね」とほめておきましょう。これが継続につながります。逆に、自分の分しか片づけなかったら、ひと言、「自分の分だけ？」言ってみては。わが子のためです。

片づけを身につける

　ここで言う「片づけ」とは、部屋をきれいに掃除することや前項の「後始末」とは少し違います。片づけとは、自分が使う物を使いやすく・戻しやすく配置して、実際にうまく物を使ったり戻したりできること。つまり、自分なりの「物の秩序（システム）」を作り、自分なりの「物をまわすルール」を作ることです。

　残念なことに、片づけの能力は人に生まれながらに備わっているものではないようです。親がやっていることを真似したり、学校などの場でしている方法をやっているうちに、なんとなく自分なりの片づけかたを身につけていく。でも、なんとなくでは、うまくいかないことも多いのです。

　私たちの暮らしも人生も、物でできています。洋服、食器、書類、本、趣味のもの……。どんな物をどのように持ち・どのように分類して、そしてどう使いこなしていくかという「片づけ」の能力は、自分らしい人生設計を組み立てられる能力と同じなのです。

この年齢なら これくらい

3歳まで

この年齢では、後始末（出したら戻す）の習慣がつくといいですね。片づけのルールの基本は、「戻す」ことです。

6歳まで

後始末に加えて、少しずつ「自分の使う物を選ぶ－捨てる」ルールを教えてください。おもちゃ箱があふれていたら、「ふたがしまるように、いらない物を捨ててね」と選ばせます。ひとつひとつの物は「まだ使う」でも、「箱に入るように」という違う視点があれば、子どもでも「自分にとって必要ない物」を選べます。

10歳まで

小学校に入るころから、「教科書はここに置くといいかな」など、使いやすい置き場所（定位置）を子どもといっしょに考えてみましょう。小学校高学年には、定位置、定量、捨てるといった片づけの基本が、おぼろげでもわかっていると安心です。

思春期から

家にいる時間が短くなるぶん、親が衣類や部屋を片づけてあげるようになっていませんか。リビングにおきっぱなしの私物でも、自分の手で片づけさせて。

自分の場所を整えられる

大人である私たちが、家に帰ってほっとできるのは、そこが自分の場所だから。いわばテリトリーだから、くつろげるわけです。

そのテリトリーを、落ち着けて、自分らしい空間にできるようになるには、訓練が必要です。西洋では「インテリアには3代かかる」というそうですが、掃除したり片づけしたりするだけでなく、インテリア用品を買いそろえるだけでもなく、じょうずに自分らしく整える練習を、親といっしょにやっていきましょう。

小さなうちから「ここは子どもの場所」というコーナーを作りましょう。すべて親が整えないで、じょうずに子どもに任せます。

片づけの項目で書いた「定位置を決める」「量を維持する」「捨てる」ことも大切です。そして、作った工作をどこに飾るか、どんな入れ物を買うかなども、親がアドバイスしながら、子ども自身が考えたアイディアを取り入れてみましょう。

この年齢なら これくらい

3歳まで

おもちゃを置くコーナーを、リビングルームに作ってあげてください。子どもがそこで遊んだり、そこからおもちゃを取り出すのが、楽しく、そしてややこしくないように工夫しましょう。

6歳まで

子どものコーナーが汚れていたら、おかあさんがきれいにするのではなく、子どもといっしょに整えましょう。「ご本がばらばらだから、直そうね」「ほこりは、このぞうきんで拭いてね」「ぬいぐるみは、外に飾っておきたいの？」など、ひとつひとつ子どもに聞いてみると、親が思う以上にじょうずにできることがわかるはずです。

10歳まで

子ども部屋を与える家庭もあるでしょう。思春期までは、家族の生活空間のそばで、親が見ていてくれる安心感がある場所なら、子ども部屋を与えても大丈夫です。机を買うときも、「おとうさんは木が好きだよ」など、親のインテリアへの考え方を示しながら、子どもが自分で選べるようにしてあげてください。

思春期から

自分の場所の掃除は自分でするのが当然です。「入らないで」と言い出すのは、自立のはじまり。認めつつ、「掃除はしないけど、用があったら部屋には入るから」と親の監督責任を保っていればいいのです。

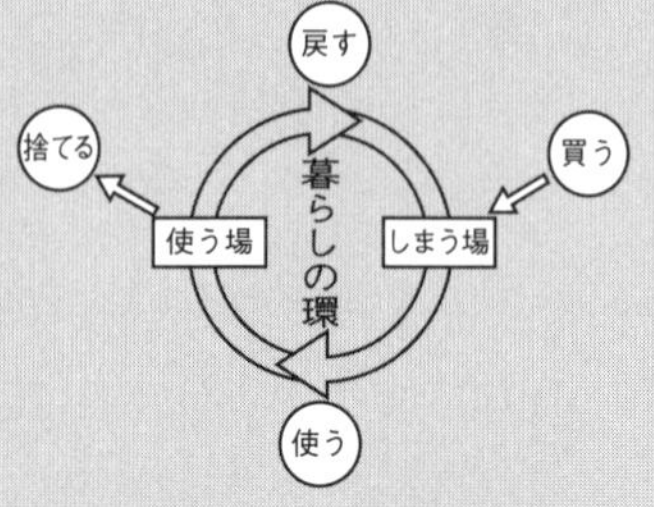

「片づけができる」とは、この図の全体がうまくまわるようにできることです。「戻す」は後始末のこと、「しまう場」は定位置を決めること、矢印部分は「定量（でまわす)」ということです。

10歳まで

「元に戻す」＋「捨てる」「定位置」「定量」ステップ2

定位置がわかっていること（決められること)、親がきっかけを教えてあげれば「捨てる」「量を維持する」ことができれば、片づけのしつけは完璧です。同時に掃除したり並べなおしたりすることも教えましょう。また、プラモデルを飾るなど、少しずつ部屋のアレンジを自分でさせてもいい年齢です。

◆食卓の配膳をする
◆買ってきた本を自分で並べる
◆寝る前には家族で片づけをする
◆自分のスペースは自分で片づける
◆学校で使う物の定位置を親子で相談しながら決める
◆片づけをしてから掃除にとりかかる（片づけと掃除を自分で区別する)

思春期から

反復くりかえしで身につける

ひととおり教えた片づけや場所の管理を、自分の力でできるようになってほしい時期です。干渉されたくないなら、自分できちんとしなさい、と伝えてもいいでしょう。

たとえばこんな、お片づけ・場所の管理

3歳まで

「元に戻す」を習慣に

右ページの図にある「戻す」は、片づけの基本です。片づけができないのは、この「戻す」が習慣になっていない場合が多いのです。１回切りの「元に戻す」では身についたとはいえません。毎日の生活で、小さなうちから「元に戻す」習慣を身につけて。そのためには、親が物の定位置を決めておくことがポイントです。

◆おもちゃをおもちゃ箱に戻す
◆洗いあがった靴下を靴下入れの引き出しに入れる
◆読んだ絵本を本棚に戻す
◆立ったあとに椅子を元に戻す
◆下駄箱を開けたら閉める

6歳まで

「元に戻す」＋「捨てる」「定位置」「定量」ステップ１

元に戻すことを習慣にするようにがんばってください。それと同時に、「いらない物を捨てる」練習と、場所を決める練習を。「片づけようね」と言ったら、どこに戻せばいいかがわかっているようになっていたら、上出来です。

◆おもちゃ箱があふれたら「ふたがしまるように、いらない物を捨てようね」と選ばせる
◆いったん「まだ遊ぶ」と残したおもちゃを、その後１年くらい使わなかったら「ほんとうにまだ使うのかな」と判断させる
◆散らかった子どものスペースを、「まずご本を本棚に戻そうね」「次にぬいぐるみを並べようね」と具体的に教える。

物の扱いかたを身につける

大人同士の会話で、「自分の親はこういう人だった」という話になることがあります。そんなとき、不思議と親がどのように物を扱っていたかについて言う人が多いように思います。「私の母は、洋服をたたむときに四隅をきちんと合わせていた」「父はパイプを大切にしていて、ぼくにはさわらせてくれなかった」……。物の扱いは、人となりを表すのでしょう。私は、物の扱いは育ちを表すとも思います。

子どもは親のすることを見て学ぶとも言いますが、見ているだけでは身につきません。なるべく多くの機会に、親の手から子どもの手へ、直接、教えていきましょう。それは、身体のテクニックとしてだけではなく、子どもが大人になっても折にふれて思い出す、親の姿としても残るのです。

いまどきは、幼稚園や保育園でひととおり身のまわりのことを仕込んでくれます。けれど、それで安心していては、「人前ならできる」に留まってしまうかもしれません。

この年齢なら これくらい

3歳まで

おもちゃを放り出したときに、「積み木さんが、イタイイタイって言っているよ」「大きな音がしたから、おかあさん、びっくりしちゃった」など、そのつど、たしなめるようにしてみてください。1歳2歳の子どもでも、しっかりした言葉で伝えると、理解できます。

6歳まで

お箸やお椀を美しくもつ、ドアの開け閉めに大きな音をたてない、フックに上着を傷まないようにかける、靴のかかとをふまないといった小さな日常の行動が身につくのは、親がうるさいくらいに言い続けるからでしょう。1回の注意でできるようになる子はいません。あせらず、めげずに、根気よく。

10歳まで

衣替えや行事の道具の出し入れなど、親がひとりでやるほうが早くても、子どもといっしょにする時間を作ってあげてください。また、学校で環境問題について習う時期でもありますが、物を大切にするとは、大切に扱いながらどんどん使うことだと伝えてみませんか。

思春期から

子どもが家の仕事をするときに、包丁の持ちかた、洗濯物をぴんとさせて干す、食器を洗うときのコツなども、ちょっと教えてあげましょう。このような生活の知恵は、ほかに教わる機会はないものです。

しつらえができる

お正月や雛祭り、冬至などの年中行事のしつらえ、夏や冬、梅雨などを気持ちよくすごすための季節のしつらえ、お客さまにくつろいですごしてもらうための来客時のしつらえ……、日常生活では、まったく同じ状態であるだけでなく、時々のしつらえがじょうずにできたほうが、気持ちよく、楽しくすごせるものです。

それらのしつらえは、学校や本で学んでも身につきません。思い立ったときに勉強して、1回やってみても、付け焼刃で終わってしまうでしょう。物の扱いとともに親の手から子どもの手へ。思い出話や要所要所の気配りを親の口から子どもの口へ。くりかえしくりかえし伝え、しつらえていくことで、また次の世代に伝えられるようになるのです。

若い親の世代には、すでに上の世代から教えられたしつらえはないかもしれません。それでも、親の世代が、いまできること、つづけたいことを子どもに伝えるだけでも、次の世代は変わってきます。

この年齢なら これくらい

3歳まで

子どもが生まれたあとは、お宮参りや初節句など、伝統的な行事に関心を持つ機会が出てくるでしょう。毎年、新しいことをする必要はありません。「わが家のしつらえ」を作っていく時期と考えてみましょう。

6歳まで

名門小学校への入学を考えているような家庭では、積極的に季節の行事やしつらえを取り入れているかもしれません。受験がきっかけでもいいのです。小学校に入ったあとにも、楽しかったことだけでもつづけていきませんか。

10歳まで

親が楽しんでいれば、子どもも楽しいものです。手を動かしながらの親の話は、子どもの心に一生残るはず。作法にそった正しいしつらえをとがんばることはありませんが、あまりに自己流にアレンジしては、子どもが受け継ぎにくいかもしれません。おばあちゃんに聞いたり、少し本で学んでみたりするのは、たいせつなことです。

思春期から

お客さまを迎えるときなど、しつらえを任せてみることがあってもいいでしょう。女の子だけに教えればいいわけではありません。男の子にも、心豊かな生活を。

10歳まで

親といっしょに手が動かせるように

◆お節料理の意味を教えながら、いっしょに詰めてみる
◆お正月に着物を着る
◆雛祭りのちらし寿司を親といっしょに飾りつける
◆七夕飾りを家族でいっしょに飾りつける
◆冬至に、ゆずを冷蔵庫から出してきてバスタブに入れる
◆大掃除の役割が決まっている
◆年越しそばをいっしょに準備する
◆お墓参りのときに、親といっしょにお墓の掃除をする
◆扇風機の片づけかたを教える
◆冬用のホットカーペットをしく手伝いをする
◆お客さまにお茶やお菓子をお出しする（出し方を教える）
◆お客さまが来るときに、「玄関を掃除しておいてね」と頼む

思春期から

自分の裁量でやってみる

◆お節料理の作り方をおばあちゃんから親子で教わる
◆お節料理を自分でお重に詰めてみる
◆節句人形を自分で出してきて、親といっしょに飾る
◆梅雨時の食材の管理を教える
◆お客さまのときに季節の花を買ってきて活けてみる

たとえばこんな、しつらえ

3歳まで

しつらえのうれしさを教える

◆雛人形・五月人形を出しながら「あなたの人形よ」と教える
◆豆まきをして、「○○ちゃんは３つね」などと歳の数だけ食べる
◆こたつを出すときに「こたつの季節だね」と家族で喜ぶ
◆お客さまが来るときに、「お花を飾ろうね」といっしょに花を活ける

6歳まで

しつらえの機会を覚える

◆お正月にお屠蘇《とそ》を用意して「あけましておめでとうございます」と家族そろってあいさつする
◆お屠蘇を、「歳の小さい人からね」と形だけでも口をつけさせる
◆お正月のお節料理は、重箱か専用のお皿を用意して、いっしょににぎにぎしく整える
◆雛人形にひなあられを供えさせる
◆五月人形にちまきを供えさせる
◆節句人形を「こうして紙をかぶせて、樟脳（防虫剤）を入れてしまうのよ」と教えながらいっしょに片づける
◆夏の夕方に、親子で打ち水をする
◆十五夜にいっしょに月見団子を作り、近所でススキを取ってくる（花屋でススキを買う）
◆クリスマスツリーを飾りつける
◆大掃除のときに小さな分担をする
◆お客さまが来るときに、「トイレはきれいにしておこうね」と教える

自分の身体に気をつける

食事と睡眠、そして運動。健康の原則はシンプルですが、シンプルなことほどその場かぎりではうまくいかないもの。毎日の積み重ねが、ちょっとした無理や不測の事態にも対応できる、すこやかな身体を作るのだと思います。そして、それは自分自身でするしかないのです。

かつて、家庭には、健康を維持するためのさまざまな日々の知恵が息づいていました。身体を冷やさない、寝る前に食べない、夏には冷たいものを食べすぎない、風邪気味のときにはしょうが湯や玉子酒を飲む、風邪をひいたら温かくしてよく寝る……。これは、親から子へと口伝えにしてきた文化といえます。

便利な道具や現代的な健康食品などをじょうずに使う知恵も大切にしながら、日々のなかで身体とどう付き合うかを、子どもに教えていきましょう。親自身が親から受け継いだ知恵でなくても、いま、役に立っている知恵を、「こうするといいよ」と子どもに教えるだけでもいいのです。

この年齢なら
これくらい

3歳まで

食事のときはよく噛《か》む、外で遊ぶ、おやつを食べすぎない、夜更かししない、お腹を冷やさない、お風呂上がりに濡れた身体のままでいない……、自分の身体にちょっと気をつけさせることから始めましょう。

6歳まで

咳をしていたら「風邪かしら」と病院に連れて行く前に、「(熱があって) 寒い？」「(身体のどこかが) 痛い？」など、きいてみませんか。「ずきずき痛いの？　しくしく痛いの？」とも。自分の身体の状態を自分で説明できるのは、とても重要なことです。

10歳まで

日々の生活のリズムを、自分で守れるでしょうか。朝、何度も起こさないと起きてこない、言われないと髪を洗わない、食事のときに好物ばかり食べる。そんな子どもの習慣を作っているのは、もしかしたらおかあさんかもしれません。

思春期から

身体の成熟とともに、親からあれこれ言われるのを嫌がるようになるものです。けれども、子どもに任せてほったらかしにするには早すぎます。要所要所を見ていて、必要なときには「病院に行きなさい」「どこか調子が悪いんじゃないの」と声をかけてあげてください。

手入れを身につける

身体が、日ごろのお手入れ（管理）しだいで、健康に過ごせるか、どこかに不調が出やすいままになるかの違いが出るように、家のなかや生活の道具も、日ごろのお手入れしだいです。

いつのまにかおかあさんがきれいに調えておいてくれる生活は快適でしょうが、それでは家のなかで役に立たない人のまま、お客さんのままです。

手入れをするとは、電球を取り替えたり、壊れた道具を直したり、自転車に油を差したりといった具体的な作業です。そこには工作に通ずるような楽しさがあります。かつて「日曜大工」が流行りましたが、いまはDIYが定着し、手入れというより、楽しみの領域のようです。そうなればしめたものです。

車や電化製品の手入れは、父親任せという家庭もあるかもしれません。けれど、料理が女性だけのものではないように、DIYやメンテナンスも男性だけのものではないでしょう。

この年齢なら これくらい

3歳まで

電球を取りかえるときに「ちゃんと点くかな」、破れた壁紙の補修をするときに「直るかな」など、そばで見ている子どもを参加させてください。「ほら！点いた。明るいね」「じょうずに直ったね、よかったー」といっしょに楽しい気持ちになれるでしょうか。

6歳まで

「おかあさん、取れた」とフックが壊れたのを持ってきたようなとき、「じゃあ、いっしょに直そうか」ともちかけてみましょう。「直しておくね」と受け取ってしまうのは簡単ですが、それでは「自分は関係ない」ということになってしまいます。

10歳まで

家の手入れの仕事は、一人よりも二人のほうがやりやすいことが多いものです。しつけというよりも、一人の手としてあてにするほうが、子どももうれしいはず。釘を打つ、セメダインを使うなど、ちょっとむずかしいかと思うことも、やらせているうちに上達します。

思春期から

気がついたら自分でする子になっていてくれるといいですね。黙って手入れしてあったら、気がついたときに「いつのまに直してくれていたの、ありがとう」などと「気がついたよ」サインを送ってあげてください。

もしものときでも対処できる

人の暮らしは、ルーティン（同じことのくりかえし）と、アクシデント（もしもの事態）とが交じり合っています。とはいえ、アクシデントではあっても、ころんでけがをしたり、家の鍵をなくしたり、と、予測のつくことも多いのです。

親の家を出て、自分の暮らしを自分で営むようになって、はじめてアクシデントに直面するのでは、あまりにも心もとない。親が見ていてあげられ、大きな事故にはなりにくい子どもの時期にこそ、もしものときの対処を経験したいものです。まずは、留守番や外出、料理など、アクシデントが起きそうなことについて、基本の約束事を決める。「留守番のときには、ドアに鍵をかける」などです。そして、起こりそうなアクシデントを具体的にあげて、「やけどのときは、水道の水を流しながら冷やすのよ」などと教えます。アクシデントが起きたことを叱られるよりも、上手に対処できたことをほめられると、子どもには自信がつき、対処する力もつきます。

この年齢なら これくらい

6歳まで

一人で行動できるようになる３歳ごろから、もしもの対処を教えましょう。まだ留守番や買物をひとりでするのは早すぎます。親と外出して、迷子になったときにはどうしたらいいかは、教えておいたほうがいいことです。

10歳まで

まとまった時間の留守番ができる年齢です。また、近所のコンビニに買物に行ったり、バスにひとりで乗ったりできる年齢なので、迷子になったり事故にあったりしたときの対処を教えておきましょう。やけどやけがの対処も、親を呼ぶ前にすることを教えておくと、程度が軽くすみます。

たとえばこんな対処の方法

◆留守番のルール
①戸締りをする　②来客にはドアを開けない　③電話は出ないか、言う内容を教えておく　④困ったときには親の携帯電話に連絡する
◆外出のルール
①知らない人に声をかけられても、ついていかない
②困ったら運転手や駅員など係りの人に助けを求める
③交通機関が事故で止まったら近くの大人に相談する
◆やけどの対処
①すぐに流水で痛みがなくなるまで冷やす　②服や靴下は無理して脱がない
◆けがの対処
①すり傷は流水できれいにする　②切り傷は上から押さえて血を止める　③吐き気がしたら人に言う

先を考えて備えられる

子どもに対しては、ついつい親が気を配って備えてあげてしまうものです。足元がおぼつかない年齢には、転んでもけがをしないようにとがったものを遠ざけ、床にカーペットを敷いておく。外出の前には、「おしっこ、したの？」と確認して、トイレに行かせる。

遠足のときには、必要になるかもしれない薬を用意し、たりなくならないように着替えを多めに入れておく。テストの前には「勉強しているの」とたずね、受験についても「小学校で私立に入れておいたほうがいいかな」「中高一貫校だと、大学入学で苦労しないかも」など頭を悩ませる。

それは、よかれと思う親心でしょうが、子どもの一生を親がカバーするわけにはいきません。子どもの人生は、親の人生とは違います。自分にとってどのような備えが必要かは、子どもが自分で見つけていくしかない。

親ができるのは、子どもの考えが足りないときに、「こういうことは、必要ないの？」とそっとアドバイスすることくらいなのでしょう。

この年齢なら これくらい

3歳まで

子どものけがや事故は、やはり親の責任です。とはいえ、あまりに万全に備えていては、子どもが身につけるべき対応力を損なうでしょう。鋭い角を持つ家具は置かないけれど、頭をぶつけてもこぶくらいですむ家具なら置いておく。そんな見極めをつけてください。

6歳まで

祖母の家に泊りに行くようなとき、親が完璧に用意するのではなく、「なにを持っていく？」ときいてみましょう。「パンツも入れなきゃね」と持ちかけて、子どもに持ってこさせるのもいい手です。重そうなおもちゃを持っていきたがるなら持たせてみてください。「重すぎた。やめればよかった」と自分で気づけば、大成功です。

10歳まで

学校のプリントを自分で出す、宿題をする、遠足のためのお菓子を買いに行く……、そんな「備え」をしているでしょうか。子どもが自分で動く前に、親が先回りしていないでしょうか。

思春期から

進学や習いごとは、親が先に先にと考えたくなるでしょう。子ども任せでもなく、親の言いなりでもなく、は兼ね合いがむずかしいところです。ただ、最終的な判断は、子どもに与えてあげたいもの。それでなくても、子どもは親の期待に応えたいのですから。

計画が立てられる

お金にしても、人と会うときにしても、休みのあいだのすごしかたにしても、漫然となりゆきに任せていては、あまりいいことにはなりません。「最後の最後で困ったことになってしまった」「人に迷惑をかけることになってしまった」とあわてるはめになっては、たいへんです。

また、「何にお金を使ったかわからないのに、なんとなくなくなっちゃって、つまらない」などと、充実感のない日々を送るだけでは、人生、つまらないまま終わってしまうかもしれません。

計画をじょうずに立てられる能力は、長いけれど短い人生を豊かに生きていくために、必要なものではないでしょうか。そして、この能力は、大人になったからといって、いきなり身につくものではありません。

具体的で、短い期間で結果がわかって、自分で「うまくいった」「このへんの考えが足りなかった」などと検証できることを、何度もくりかえすうちに、すばやく的確な計画を立てられるようになるものです。

この年齢なら これくらい

3歳まで

毎日の生活が、その場のなりゆきで動いていませんか。厳密に規律正しく暮らす必要はありませんが、「朝は7時に起きる」「夜は6時に家族そろって食べる」などざっくりとした流れが決まっているなかで、家族が毎日すごしているだけで、計画する力の基礎が身につくでしょう。

6歳まで

親戚の家に行ったとき、「おかあさん、どうするの」「つまんない」などと、だれかの指示を待っているだけだったら、ちょっと親は心を入れ替えましょう。「午後は好きにしていていいよ。図書館もあるけど、何をしたいか、話して聞かせて」など、計画を立てる練習を。

10歳まで

お年玉をたくさんもらったとき、「おかあさん、いくらなら使っていい？」ときくなら、「5000円まで」などと即答しないで。「どう使うといいかな。考えてみて」ともちかければ、それなりの使い方だけでなく、貯金のことまで考えられます。

思春期から

友だちとの旅行を計画するようなとき、「2泊3日で行ってくる」というだけでなく、「どこで何をするのか」を親に説明できるといいですね。「ここの移動中は携帯が通じないから、移動が終わったら電話するね」といった配慮までできれば、もう安心です。

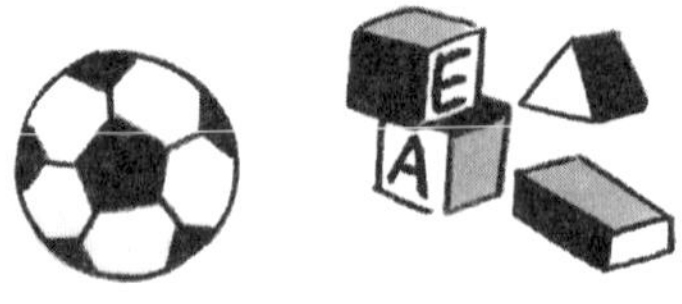

家族のルールに従う

この章は「身のまわりのこと」のしつけについて書いていますが、身のまわりのことには「正しいやり方」があるわけではありません。その人にとってやりやすくて、その人のまわりの人が気持ちよくいられるのであれば、それが「いいやり方」と言えます。

ただ、「自分のやり方」と「みんなが気持ちよくいられるやり方」とは、往々にしてずれるもの。それを調整するためにあるのが、家族や地域、会社、国など共同体のルールなのだと思います。子どものうちに、自分のやり方だけでなく、家族のルールに従う習慣をつけておきましょう。そうすれば、地域や会社などでも、自分らしく、そしてみんなといい関係で過ごせる人になれるのではないでしょうか。

身のまわりのことという、具体的で小さなことについて、家族のルールを確認してみましょう。「家訓」でもないけれど、家族のルールが家族の心のつながりを深めてくれる面もあるようです。

この年齢なら これくらい

3歳まで

「外から帰ったら手を洗う」「寝る前にはパジャマに着替える」なども家族のルールです。「食事は家族が揃ってから食べる」といったルールも、「まだわからないから」と勝手にさせないで、上手に守れるように食事の準備ができてから子どもを呼ぶなど工夫してください。

6歳まで

自己主張が強くなるぶん、「いや」「あとで」など親の言うとおりには動かなくなることもあるでしょう。理屈で説得するよりも、圧倒的な親の意志を示すことも必要です。私は、体罰よりも、昔ながらの押入れに閉じ込める、外に追い出す、ごはんを食べさせない、といった作戦のほうが、効果的でダメージがないように思います。ただし、「怒りに任せて」にならないように自制して。

10歳まで

いやがおうでも、親から与えられた家族のルールに従うだけでなく、家族が気持ちよく過ごせるように自分はどうしたらいいかを、子ども自身に考えさせる機会があってもいいのです。

思春期から

部屋の掃除、帰宅時間、外泊の許可など、ルールの範囲が広がります。広がりはしても、ルールがなくなるわけではありません。また、「反抗期」ではあれ、親が自分への関心を失うのは、さびしいものです。あらゆる意味で、独立するまでは親の監督は大切ではないでしょうか。

こんなとき　こんなことばがけを

◆自分のことは自分で

自分で出した物は自分で片づけなさい
自分で決めたことは守りなさい
あなたはどうしたいの？

◆家の仕事をする

あなたの家のことなんだからあなたもしてね
あなたは家のことをしなくてもいいの？
これはあなたの役目だよ

◆後始末を身につける

出したら戻しなさい
あとに使う人のことを考えて
あなたの始末を人にさせてもいいの？

◆片づけを身につける

使わないなら、捨てなさい
どこに置いたら、使いやすいと思う？

すぐに捨てるような物は買わないこと
すぐに飽きるような物はもらわないこと

◆自分の場所を整えられる

自分の物は自分の場所に片づけなさい
部屋を触ってほしくないなら自分できれいにしなさい

◆物の扱いを身につける

物はたいせつに扱いなさい
大きな音を立てるのは恥ずかしいよ
次に使うことを考えてしまいなさい

◆自分の身体に気をつける

身体は冷やさないこと
おなかを冷やさないこと
猫背にならないように
よく噛んで食べなさい
食事中は冷たい物をたくさん飲まない
トイレでは前から後ろに向けて拭く（女子）
トイレではまわりを汚さないように（男子）

◆手入れを身につける
気がついた人が直しておいてね
外から帰ったら着替えなさい
身につけていた物はすぐしまわない（汚れなどをとってから）
◆もしものときに対処する
急がば回れ
落ち着いて行動すればだいじょうぶ
◆備えることができる
忘れていることはない？
◆計画が立てられる
あなたはどうしたいか、教えて
◆家族のルールに従う
自分だけよければいいわけじゃないのよ
おとうさんとおかあさんが決めたことです
親の家にいるうちは家族のルールに従ってちょうだい

2章

働いて生きていくことができるように

生きがいをもって働ける人

自分の力で働いて食べていける力は、自立した人として生きていくために不可欠のものです。たとえ親であれ人に食べさせてもらっているうちは、心の自立もありえないのです。

いまは、さまざまな仕事があって、「働いて食べていく力」といっても、どんな技術や知識が必要なのか、かえってわかりにくい時代です。たとえば、いまでも職人の世界では、「一人前」と「半人前」の区別は厳然としてあるように、技能と直結していればわかりやすいのですが、営業の仕事、接客の仕事、事務の仕事など、多くの仕事は「ほんとうに自分の力で稼いで食べている」と実感しにくいように思います。

そしてまた家庭のなかでも、専業主婦が、経済を支えてくれている夫にどこか遠慮してしまうような面があるでしょう。

いまの世の中は、いろいろな面で役割分担・分業でできているので、「一人前に働く」とはどういうことかわかりにくいし、そのことの価値も見え

にくい。

それでも、しっかりと働くことが自立の基礎であることは変わりありません。そして、自分の力で自分の身を養うことからは自信が得られ、しっかり取り組める「自分の仕事」（正業という言葉もあります）に励むことからは、地に足のついた見識と生活哲学が備わることにも、変わりはない。

私たちは大きな変化の時代に生きています。大量消費社会の仕組みが変わらざるを得なくて、全体の循環を考えながら暮らしも経済もまわしていく仕組みを作ろうとしている時代です。これからの時代を、自分の力と頭で、自分の仕事を見いだし、与えられた役目を果たし、そこに喜びを見いだせる人として生きていくために、いま、親が家庭のなかでできることはたくさんあります。

この章は、生きがいをもって働いていける自分の仕事の技術と知恵について書いてあります。仕事をする力は、社会に出てから身につく部分よりも、小さなうちに家庭という組織、家族という人間関係のなかから身につく部分のほうが、大きいのです。

読み書きそろばんができる

昔から「読み書きそろばん」ができれば一人前、と言われていました。簡単なことに思えますが、じつは生活経験と深く結びついている能力です。

読んで書くことについて。文章の意味をちゃんとくみ取りながら、正確に読み、自分の考えたことを人にわかるように書くことがほんとうにできるようになるのは、紙の上の読み書きだけではむずかしいでしょう。

加減乗除の簡単な計算について。ドリルの式を解くのはだれにでもできても、目の前のできごとから、自分で式を組み立てて、必要な計算ができるようになるには、論理的な考え方ができないと無理でしょう。

いま、日本の教育界では、「見えない学力」の低下が問題だと言われています。問題用紙に書かれた問題が解けるといった「見える学力」は、相手の言っていることを理解したり、自分で論理を組み立てたりといった「見えない学力」に支えられています。見えない学力は、生活経験の豊かさと深く関係していると指摘されています。

この年齢なら これくらい

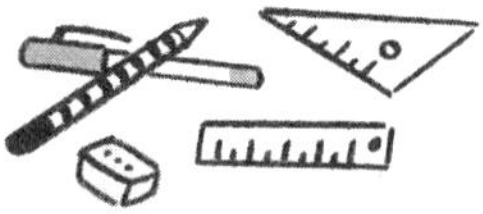

3歳まで

家庭のなかで、しっかりした言葉のやりとりがあるだけで、子どもは言葉の力を身につけます。まだ小さくて理解できない、などと思わないで。子どもが使える言葉と、聞いて理解できる言葉とは格段に違います。この時期に平仮名が書けても、言葉の能力が高いとはいえません。

6歳まで

「こんな漢字が書けるの、すごいね」とほめる以上に、「そういう言いかたを覚えてきたの、すごいね」とほめてあげませんか。「1＋3＝4」がわかるよりも、「お昼ごはんに卵焼きを作ろう。おかあさんとあなたのぶん、ひとり2個の卵を使うから、もってきてくれる？」と頼んで、4個の卵を持ってこられるほうが、生きた数字の感覚です。

10歳まで

小学校で学ぶことは、読み書きそろばんそのものです。テストができた、できなかった、を気にするよりも、子どもが新しいことを学んできた喜びや、いま学んでいることへの興味を聞いてあげませんか。先に先に学ぶことが学力を伸ばすとは限りません。

10歳まで

学校の勉強を家で身につける

◆作文を書いてきたら「おかあさんに読んで聞かせて」
◆作文の宿題が出て「何を書けばいいの？」ときいたら「(昨日、花火をしたじゃない、と教えるのではなく) そうねえ、何か思いつくことない？ (何か思いついたら、さらに何でうれしかったの？　などときく)」「それを書けば、すごくいい作文になると思うよ」
◆朗読の宿題が出たら「(聞いたあとで) じょうずに読めたね。もう少し大きい声だと、もっといいかな(など)」
◆算数の宿題の文章題を読んで「これって引き算で計算するの？」ときいてきたら「(そうよ、引き算に決まっているじゃない、ではなく) あなたはどうして引き算だと思ったの？」
◆分数の宿題がわからなかったら「じゃあ、おやつのケーキの分けかたでやってみようか」
◆簡単な買物を頼んで「1000円渡すから、残りのお金であなたの好きなおやつを買ってもいいよ」「おつりの計算を教えてね」
◆親戚からクリスマスプレゼントが贈られてきたら「(親がかけるのではなく、言いかたを教えたうえで) 自分で電話しなさい」「(電話ではなく) お礼状を書きなさい」
◆「1メートル間隔で木を植えます」「時速40キロで走ります」などという計算問題が出たときに「1メートル間隔って (時速40キロって)、どのくらいの長さ (速さ) なんだろうね」などと話題にし、いっしょに具体的に考えてみる

たとえばこんな、読み書きそろばん

3歳まで　子どもの表現に新鮮なおどろきをもって

◆きれいな丸を書けたら「なんてきれいな丸でしょう」
◆なにかわからない物を描いたら「これは何かな」
◆大きな声で返事ができたら「気持ちいいお返事ね」
◆何かを指差して名前をいえたら「よくわかったね、猫ちゃんだよね」
◆見よう見まねで自分の名前を書いたら「○○ちゃんって、書いたのね」
◆書いた文字が逆さまだったら「（まちがってるよ、ではなく）よく書けたね」
◆家族全員にいちごを配れたら「みんなに配ってくれて、ありがとう」
◆人に「いくつ？」ときかれて「みっつ」「さんさい」と答えられたら「3歳になったんだよね」

6歳まで　子どもに教えるよりも子どもから教わって

◆家族みんなの絵が書けたら「これはだれ？　これは？（と教えてもらう）」
◆おかあさんの絵を書いて「これは髪の毛を結んでるの」と説明してくれたら「ああ、そうだね。おかあさんの髪型にそっくり！」
◆数字を反対に書いたら「惜しいなあ、ひとつだけ逆さまに書いてあるんじゃない？」
◆友だちが来たときに「おかしはひとり、2つずつ。これで足りるかな（と、出した物を数えさせてみる）」
◆10以上の数を数えるときに足の指を使ったら「足の指を使うなんて、おもしろいね！　全部で何本なの？」

人の役に立つ

思春期にもなると、将来の夢を語る子どもたちの多くが、「人の役に立つ仕事をしたい」と言います。社会的な風潮でもありますが、働きがいや自己実現が、他者との関わりで得られるものだと考える感性は、大切にしたいものです。

さて、人の役に立つ仕事とは、イメージは明快ですが、具体的にどういう仕事なのかはむずかしいところです。すでに働いている大人であっても、そうそう「私の仕事は人の役に立っている」と確信しにくいもの。ボランティア活動でさえも、ほんとうに相手の役に立っているのか、奉仕する側の自己満足なのか、見極めはむずかしい。

「人の役に立つ」とは、自分がしたいことをしてあげるのではなく、人がしてほしいと願っていることに気づき、してあげられること。つまり、自分の、なにが、どこで求められているのか、敏感に察知できること。

その訓練は、家庭のなかの小さな行動からはじまるのです。

この年齢なら これくらい

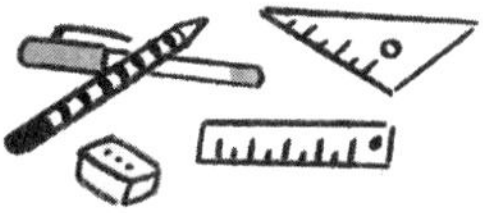

3歳まで

小さな子どもでも、家族の役に立つことはできます。家の仕事の数々。アメを食べるときにおかあさんのぶんも持ってきてあげる、落ちているティッシュに気がついたら拾って捨てる。子どもの行動に気がついたら、「ありがとう」「うれしい」と気持ちを伝えてください。

6歳まで

おとうさんが新聞を探していたら、取ってあげる。きょうだいがソファで眠ってしまったら、タオルケットをかけてあげる。おかあさんがしていることを、子どもに「してあげてね」と頼むだけで、次からは自分で心配りできるようになるかもしれません。

10歳まで

この年齢では、もう自分から気がついて自分から動けてもおかしくありません。留守番中に、お米を研いでおいたり、洗濯物を取りこんでおける人が、社会に出ても人から求められる人になるのです。親は、さりげなく教えて、子どもが自分の身体を動かす機会を作ってください。

思春期から

その子のどの部分が、「人の役に立つ」のか。「あなたは、妹の世話を嫌がらずにしてくれる。すごく助かる」、あるいはその子がしたい仕事について「大工さんは、人が気持ちよく住める家を作るんだから、いい仕事だよね」。親の言葉は、子どもが自分を理解する助けにもなります。

自分で仕事を見つけられる

人は一生、なんらかのかたちで働きつづけるものです。その場が会社であれ、家庭であれ、地域であれ。

そのときに、与えられた仕事をこなすだけでは、働きがいがもてるかどうか。もっと直接的な、昇進や昇給、社会的な名誉などの面でも、成果があがりにくいでしょう。

その場で、自分がなにをしたらいいのか。目の前で起きていることは、どういうことなのか。自分の目と頭でとらえ、判断できる人が、仕事でもさまざまな力を発揮して、人から望まれる人となっていくように思います。

つまり、自分で自分のするべき仕事を見つけられるかどうか、なのです。くりかえし書いているように、その練習は、身近な共同体である家庭から始まります。相手がこれをしているときに自分はどう動けばいいのか、起きていることに対してなにか対処したほうがいいのか。ちゃんと読み取って、動くようにさせるには、親の自制心も必要です。

この年齢なら これくらい

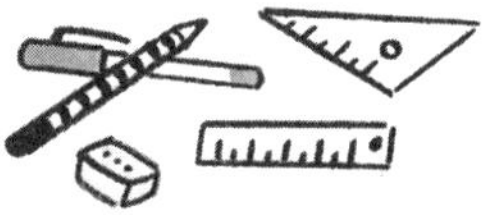

3歳まで

ゴミ箱にゴミをポイしにいくときに、親が見ていると「こっちのほうが近いのに」とか「1個1個運ばずに、まとめて運べば1回ですむのに」と思ったとしても、手や口を出さずに、見届けてから、「1個残ってるね」などと教えてやりましょう。

6歳まで

「こうやって食べると、おいしいんだよ」など、自己流のやりかたを見つけて、うれしそうに親に報告してくることがあります。「なにそれ、まずそう」と否定せずに、「どんな味がするの」「発明だね！」など、おもしろがってあげられるでしょうか。

10歳まで

たとえば外出の前、親が一人で忙しく立ち働くのではなく、子どもに「手伝って」と言ってみましょう。「なにをするの？」ときかれたら、「なにをしたらいいと思うか、考えて」ときき返します。戸締りをする、エアコンを消す、ゴミを捨てる……自分で見つけられたら、立派です。

思春期から

家族の一員である自覚は十分にあるでしょう。留守番していて、雨が降りそうだったら取り込んでたたむ、夕食の時間が近いのに炊飯器が作動していなかったら、お米を研いでスイッチを入れるなどの家のことはもちろん、家の外でもできることを見つけてできる年齢です。

◆箸を並べるなど、係の仕事をしていなかったら「○○ちゃんがお箸を出してくれないと、みんながごはんを食べられないよ」
◆玄関の靴をきちんと並べてくれたら「気持ちいいね」

10歳まで

自分で仕事を探せるようになる練習を

◆「トイレの水が流れっぱなしだよ」と教えてくれたら「気がついた人が止めに行ってちょうだい」
◆「回覧板が来ていたよ」と渡してくれたら「（見た上で）お隣に持って行ってね」
◆電球が切れていて「暗いじゃないか」と文句を言ったら「おかあさんは電球替え係じゃありません」
◆外出前に「何時の電車に乗るから、家の戸締りをみてね」
◆料理中に「いっしょに手伝って（と、アシスタントとして使う）」
◆電車に乗っているときに「お年寄りが乗ってきたから、あなたが席を立ちなさい」
◆突然、雨が降ってきたら「おかあさんは（干してある）ふとんを取り入れるから、あなたは洗濯物を取り込んで」
◆ゴミを捨てようとしているときに「あなたの部屋にはゴミはないの？（ときいて、自分でもってこさせる）」
◆冷蔵庫の中の牛乳が切れていることを伝える

たとえばこんな、人の役に立つ仕事・自分の仕事

3歳まで

気がついたことへの感謝や喜びを

◆おかあさんにおやつを分けてくれたら「ありがとう、うれしいわ」
◆おやつをひとり占めしようとしていたら「おにいちゃんはおやつなしなのかな。ひとりで食べるより、みんなで食べたほうがおいしいよ」
◆ペットの犬の水が切れているのを教えてくれたら「よく気がついたね」
◆ティッシュが落ちているのを教えてくれたら「ああ、ほんとうだ。ゴミ箱にポイしてくれるかな」
◆お花にお水をあげてくれていたら「お花さん、喜んでるね」
◆スーパーで買物したときに「パンはあなたが持ってね(と持ちやすい袋に入れて手渡す)」

6歳まで

役に立ったことを認めてあげて

◆おかあさんが料理中に「お手伝いする」と言ってくれたけれど、かえってじゃまなときには「ありがとう。でも、いまは料理のお手伝いはないの。食卓にお茶碗を出してくれたら、助かるわ」
◆おとうさんが居眠りしていたら「おとうさんにタオルケットをかけてあげてね」「(おとうさんが起きたときには)○○ちゃんがタオルケットをかけてあげたのよね(とおとうさんに教えてあげる)」
◆家族が外出から帰ったときに「おかあさんはカーテンを閉めるから、○○ちゃんはエアコンをつけてね」

自分の考えをもつ

「自己主張ができるように」といいますが、最初から「自分で考えろ」と言われても、「なにを考えたらいいいんだろう」とわからないでしょう。私という一人の人間がどういう考えを持つかは、参考にしたり、反論したりする別の考えがあって、ようやくはっきりするものなのです。

親が、日常のささやかなことについて、「おかあさんはこう思うけど、あなたはどうしたい?」ときくような積み重ねが、大人になってしっかりとした自分の考えをもった人になるのではないでしょうか。

たとえば、塾に通うにしても「中学受験に必要だから行きなさい」では、子どもが自分なりに塾や受験について考える余地はありません。「おとうさんとおかあさんは、中学受験して、あなたに充実した中学高校生活を送ってほしい。受験のためには、学校の勉強だけではたりない」と説明し、親の考えを伝えれば、子どもは「それなら塾に行ってみたい」「それでも嫌だ」と、自分の考えをはっきりさせられます。

この年齢なら これくらい

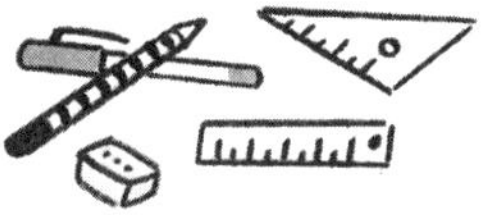

6歳まで

「この服がいいの」とこだわるようなことがあります。そのとき、季節や場にふさわしくない服を選んでいたら、「今日は寒いから、おかあさんはこっちの服がいいと思うよ」「なんでその服がいいの？」などと、きいてみては？子どもなりの理由が、きっとあるはずです。子どもは、自分の気持ちが親に伝われば、素直に「じゃあ、こっちの服にする」と切り替えられます。

10歳まで

スイミングやバレエなどの習いごとをしたい、学校に行きたくない……、いろいろなできごとが増えてくるでしょう。そのときに、親としては子どものためを思って強制したい部分があっても、まずは「週３回、通えると思う？」「今日休んだら、明日には元気に行けるかな」など、子どもの考えを聞いてみませんか。

思春期から

帰宅時間ひとつにしても、親が命ずるのではなく、子どもが自分の事情を説明して親子で相談し「何時」と決めたほうがいい年齢です。ただ、親であるかぎりは、監督責任として「私は、これは許しません」、一人の大人として「こういうときは、こうしてほしい」と伝える義務はありつづけます。たとえば、中学生で夜10時の帰宅、無断外泊などは、親が禁止してもいいと思います。

投げ出さない

仕事であれ勉強であれ、ものごとを成し遂げるには、才能や運だけが重要なのではありません。意志をもって取り組んで、最後まできちんと詰めて仕上げる。そんな根気というか、エネルギーというか、強さが必要なのだと思います。

逆に言えば、最後まで詰める根気があれば、たいがいのことはうまくいく。そこまで言ってもいいくらいではないでしょうか。そして、その根気やエネルギーを持っている人は、大人でも必ずしも多くないのです。

子どもが意欲をもってものごとに取り組み、最後まできちんと終えられるように、近くから見守り、手助けしてあげましょう。

子どもの時期ほど、高い集中力と、短い時間でくるくる変わる飽きっぽさをもっています。忙しい日常ですが、子どもが集中して工作をしているときには用事を言いつけたりせず、途中で放り出したときは「最後まできちんとしなさい」と促してください。

この年齢なら これくらい

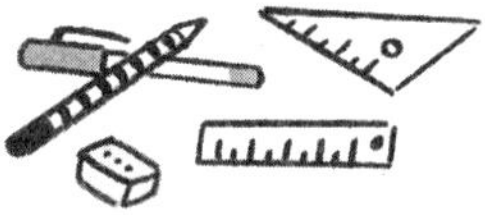

3歳まで

次々に新しい遊びを始めて、部屋じゅうおもちゃだらけ、と嘆く親が多いのが、この時期です。どの遊びも終わっているわけではないのも特徴です。この時期は、その都度でなく、夜に全部片づければいいのではないでしょうか。また、やりかけたぬり絵や折り紙は、「ひとつ完成するまでやろうね」などとキリをつけてもいいでしょう。

6歳まで

少しじっくり取り組めるようになる年齢です。食事のときは「ごちそうさま」まで席を立たない、雑誌の付録の工作をはじめたら完成するまで親といっしょにがんばってみる、工作で出た紙くずは最後にちゃんと捨てておく、など、途中で投げ出さない練習を。

10歳まで

子どもが「できない」と言ったときに、「なんでできないの」「だめな子ね」と頭ごなしに否定しないで、「じゃあ、いっしょにやってみようか」と助けてあげることも必要です。宿題も、編み物も、水泳も。冷静にじっくりやり直せば意外にうまくいった、という経験は貴重です。

思春期から

やるべきことも増え、途中のままほったらかしてあることもでてくるでしょう。習いごとをいいかげんなまま続けるより、「もう続けられないのかな」と子どもの考えを聞き、きちんと終わらせる手順もあっていいと思います。

本を読む習慣をつける

幼稚園や学校でも、読み聞かせや読書運動など、「本を読む子」にする教育はいろいろとなされています。私は、読書の習慣は、環境よりも個々人の資質による面が大きいと考えています。周囲ができることは、本に触れる機会を作ることではないでしょうか。

家庭ができるいくつかのことは確実にあります。

ひとつは、家庭のなかで暇を作ること。「することがないから本を読む」というのは、じつは読書の大きな動機です。

もうひとつは、親が本を読むこと。本を読む豊かさが身近にあり、本について語り合う親がそばにいる子どもは、それだけで本の世界の住人だと言えます。

そして、親自身が好きな本をすすめること。「いい本らしいよ」ではなく、「おもしろかったよ」「大好きだったんだ」と親がすすめる本は、読書への入り口となります。

この年齢ならこれくらい

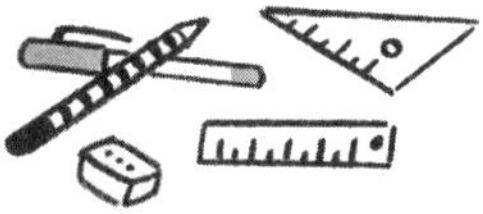

3歳まで

寝る前に本を読んで聞かせたり、お話をしてあげたりする家庭は多いでしょう。親の義務になってしまうと負担になるので、親もゆったりとした気持ちでいられるときだけでも充分だと思います。

6歳まで

テレビで見たお話、幼稚園や保育園で読んでもらったお話を、家で親に話してくれることがあります。めんどうくさがらずに、興味をもって聞けるといいですね。また、たくさんでなくていいので、子ども専用の本棚に子どもが手に取れる本を並べておいてあげませんか。

10歳まで

親が子どものころに読んだ本をすすめてみたり、逆に子どものあいだでよく読まれている本を教えてもらったりして、親子で本の話ができると、貴重な時間になるでしょう。この時期に「うちの子は本を読まない」と気にすることもあるでしょうが、本との出会いはいつでも用意されています。無理強いすることはありません。

思春期から

思春期には、本は世界を開いてくれます。携帯小説もネットのブログもある現代ですが、親が本の世界も知ってほしいということを伝えるだけでも、なにかが違うのではないでしょうか。

プロセスを大切にする

勉強なら100点を取った、有名な学校に合格した、といった成果、仕事ならいくらの売り上げを出した、昇進した、といった成果。成果は目に見えやすく、また成果を出せば人に認められ、やりがいも感じるものです。

成果のためにがんばることができるのはすばらしいけれど、成果でしか判断できない人は、人としては少々さびしいのではないでしょうか。家庭では結果に至るプロセスの価値を、ちゃんと教えてあげませんか。

たとえば「自分で作る」とトライしたけど、悲惨な玉子焼きになってしまった。でも、段取りよく動いていたし、黄身を割らずに卵を割れた。やけどもしなかった。受験で第一志望に入れなかったけれど、3年間、よく努力した。一度、投げ出しかけたけれど、自分の意思で最後までやりとおした。

けなげに取り組んだ子どものプロセスを、きちんと評価してください。そのプロセスこそが、その子らしさであり、成長の姿なのです。

この年齢なら これくらい

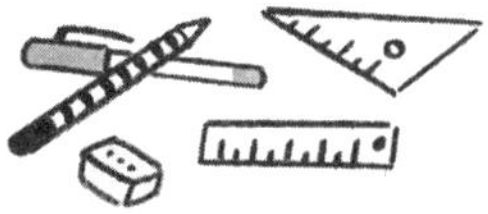

3歳まで

はさみを使おうとしていたら「危ない」と取り上げないで。おぼつかなくても紙を切れたら、たいへんな達成感でしょう。目に当たりそうになったり、指を切りそうになるなど、ほんとうに危険なことになりそうなら、「振り回さないのよ」と教えるか、いったん取り上げればいいでしょう。

6歳まで

「紙飛行機、じょうずにできなかった」と悲しそうにしていたら、「ううん、とってもじょうず」と無理にほめなくてもいいのです。「あんまり飛ばないけど、形がいいよ」「しっかり折ってあって、色もきれい」などと、子どもも納得できるいいところを見つけてください。

10歳まで

少しむずかしいことも、させてみてください。一人で電車に乗って、隣町のおばあちゃんの家まで行く。カレーを作ってみる。「どうするの？」と子どもに説明させて、問題がなければその通りにさせてみるのもいいことです。自分で考えて、自分でやってみる。ダメなところがあれば、解決法を考える。なんとかうまくいったら、「やればできるんだ」と自信もつくでしょう。

情報とじょうずにつきあえる

メディアリテラシー（情報の読み書き能力）が必要だということは、よく言われています。学校でも、インターネットの使いかたなどを教えてくれるようになっています。

ただ、学校はテクニックは教えてくれるけれど、自分が気持ちよく、安心して生活していくための、情報とのつきあいかたまでは教えてくれません。じょうずにつきあうとは、情報を見つけることではないからです。

何を信用するか、どこまで知ろうとするか、いまは何を切り捨てるか、といった判断をしながら情報を取り込めるようになるには、親が毎日の生活のなかで、少しずつ情報と向き合うときの価値観を伝えてあげることが大切です。

テレビを見ながら、「これは、報道番組（ニュース）じゃなくて、情報バラエティだから、おもしろくするためにオーバーに言っているかもしれないよ」など、親のテレビの見方を伝えるだけでじゅうぶんです。

この年齢なら これくらい

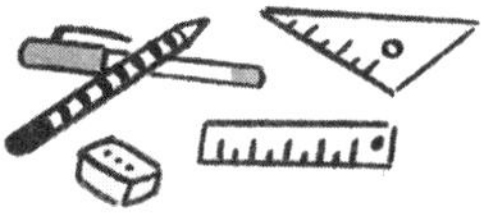

6歳まで

このくらいの年齢で、親がもっとも気にするのは、テレビやビデオの時間でしょう。１日何時間がいいのかは明快な線引きはできませんが、家庭で「１日２時間」などと決めて、それを守る練習を。

10歳まで

外で聞いてきたことを、さも知っているかのように言いたい年齢です。「それは、あなたの意見なの」「どこかで見たの」「みんなが言っているというけれど、だれが言っているの」など、ちょっときいてみてもいいでしょう。ただ、揚げ足取りや詰問にならないように。

思春期から

テレビのニュースや新聞を見て、親子で話ができるといいですね。現代においても、新聞は社会をコンパクトに切り取って情報提供してくれる、貴重なメディアです。継続して読む習慣が、一時的な情報に惑わされない確かな視点も作ります。
また、インターネットに触れる機会が出てくるでしょう。禁止するよりも、親といっしょに読み方を教えてあげませんか。

たとえばこんな情報の判断を

◆情報のランクを教える
新聞は比較的信用できる。ネットの個人ブログは鵜呑みにしては危険など
◆情報の確認の仕方を教える
何種類かの情報を照らし合わせる、図書館で調べるなど

時間管理ができる

社会生活を送るうえで、お金と物と時間の管理ができるかどうかは、豊かに自分らしく生きていけるかどうかの決め手とも言えます。

大人よりもシンプルな生活である子どものうちに、自分で時間の管理ができるように、少しずつ仕向けていきましょう。

親が、「もう7時よ、起きなさい」「あと10分で用意しないと間に合わないよ」「いま宿題をしてしまわないと、困るんじゃないの」など、細かく指示していませんか。小さいころはよくても、中学生になっても親の言うままにしか動けないようになっては、あとがたいへんです。

あるいは、子ども任せにしておいて、だらだらと過ごしていても気にしないでいたりはしていないでしょうか。

「子どもが時間管理できない」と困っているなら、まずわが家がどちらのパターンなのか考えてみて。そもそも子どもは時間感覚がないものです。親が指示する状態から自己管理までゆっくりステップアップしてください。

この年齢なら これくらい

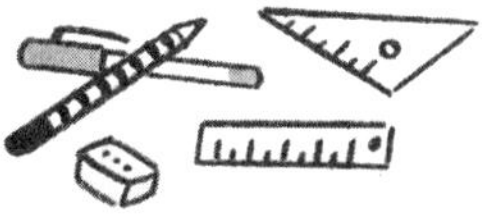

3歳まで

テレビを見る時間を決める、朝は決まった時間に起きる、食事をだらだらと食べつづけない、など、メリハリのある生活を心がけてみてください。もちろん、日常では思うとおりにはいかないこともあってもいいのです。

6歳まで

幼稚園や保育園などに行っていれば、その時間に従って１日が動くようになるでしょう。遅刻をしない、自分で用意をする、など取り組みながら、「早く早く」と言わないように、親も我慢のしどころです。時間を守るべきときは守りながら、一人で服を着る、トイレをすませるなどを、見守りながら待ってやることも。

10歳まで

小学校に行くときに、朝の時間を自分で考えて動いているでしょうか。たまにはなにも言わず、様子を見てみましょう。遊びに行って帰ってくる時間は守れるでしょうか。守れなかったときに、「帰ってこなくてもいいです」と厳しく接することも、大切です。

思春期から

この年齢になって、親が早く早くと言わなければ動けないなら、ちょっと考えを改めたほうがいいかもしれません。大人になる前に、親は少し離れて子どもが自分で考える必要に迫られるようにしてみては。朝は目覚まし時計をセットして、自分で起きるなどはあたりまえのことです。

ゲームや携帯とじょうずにつきあえる

ゲームや携帯電話は、親の子ども時代にはなかった道具です。それで、自分の経験にてらしあわせて「こうすればいいかな」とルールを作りにくくて、悩む親が多いようです。

情報とのつきあいかたと同じように、ゲームや携帯電話とのつきあいかたも、子どもがしっかりとした自分の価値観をもてるように、親が何らかの指針を示すことが大切なのではないでしょうか。

だれが聞いても「100%正解」のルールを作らなくてもいいのです。親が「うちではこうする」というルールを作って、子どもと約束する。親子で、守るようにがんばったり、守れなかったときの反則ルールを作ったりしてすごす。そうしているうちに、ゲームや携帯電話に振りまわされることなく、自分なりの使いこなし方、楽しみかたのルールを作っていけるようになるでしょう。

心配しすぎて遠ざけてしまうより、つきあいかたを教えてあげましょう。

この年齢ならこれくらい

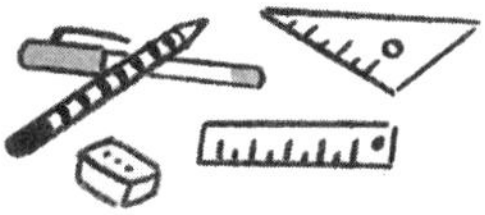

3歳まで

この年齢までは、ゲームも携帯電話も持たせる必要はありません。というよりも、持たせてはいけない、と言うべきでしょう。これは専門家も異口同音に言っていることです。

6歳まで

上にきょうだいがいるような家庭では、この年齢でも子どもにゲームを持たせることがあると思います。きょうだいげんかが続くよりも、ひとり1つ持たせるほうがいい、という事情は優先してもいいでしょう。ただ、自己管理はできないので、「もうやめなさい」「お外には持っていかない」など親がしっかり見ていてください。

10歳まで

いちばんゲームに熱中する年齢と言えます。おもしろいものだからこそ、自己管理がたいせつ、と教えてください。親も見方を変えて、「困った遊び道具」ではなく「時間管理や親との約束を守る練習をするのに役立つ道具」と位置づけてみてはいかがでしょうか。

思春期から

携帯電話を持たせる家庭が多いでしょう。集団のなかで自分の居場所を求める願いが強い年齢なので、厳しく自己管理はできなくても、しかたありません。与えたら放任ではなく、「親が厳しいから好きに（月○千円しか）使えない」というくらいに監督していてもいいのです。

お金の管理ができる

時間と同様、お金についても、子どものうちに家庭でしつけられることがたくさんあります。

ひとつは倫理的な面。人はお金を稼ぐために働くわけですが、お金が目的なのか、お金が守ってくれる幸せや喜びがあるのか。お金を話題にしたり物差しにしたりするのは、みっともないことではないのか。それは、親の働き方、お金との接し方で、子どもに伝わることです。

もうひとつは、技術的な面。自分が持っているお金を、どのようにじょうずに使っていくか。

お小遣いをじょうずにやりくりできれば、大人になってもお金の管理がじょうずにできるようになるでしょう。ほしい靴を買うためにがんばってお手伝いをしてお小遣いをもらって、貯金して、買うことで、お金はただ貯めこむだけではなくて、使うためにあることを学ぶでしょう。

また、分相応の使い方も、親しか教えられないことです。

この年齢ならこれくらい

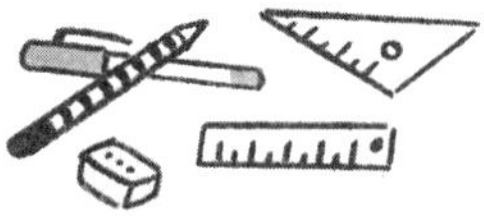

6歳まで

お金の意味が、まだほんとうにはわからない時期です。お年玉をもらったら、親が受け取って管理しませんか。また、「高いからだめ？」「安いから買って」などと言い出したら、親の会話がそうなのかもしれません。

10歳まで

小学生になったら、数百円のお小遣いを与えて、親に報告しながら使う練習をしてもいい時期でしょう。自分のお小遣いであっても、友だちにアイスをおごるような使い方はふさわしくありません。お金に興味が出てくる時期で、「おとうさん、たくさん稼いでいるの？」「○○君の家ってお金持ちなんだよ」などと言うこともあるでしょうが、はしたない話題だと教えてください。

思春期から

移動することが増えて、お財布携帯など電子マネーを使う機会が出てくる子も多いでしょう。見えないお金は、管理がむずかしいもの。お小遣いとは分けて与えたほうがよさそうです。また、大金を持っていたりしたら、徹底追求する厳しさを持ってください。

段取りを組める

時間管理、つまりスケジュール管理とはやや違って、ひとつの仕事をするときに、全体の段取りを見通して取り組める、ということです。

段取りは、頭で考えると簡単そうでも、じっさいの仕事ではじょうずにできる人と、いつもあわてるはめになる人とがいます。私は、段取りとは、論理的に計算するものというよりも、何度も経験することによって、なにをどうしたらいいか、パッと直感でつかめる、いわば経験知に近いものではないか、と捉えています。それを私たちは、「要領」と呼ぶわけです。

その要領がしっかり身につくのが、家庭の日々の仕事なのです。

家の仕事を教えるときに、たとえば、「お風呂掃除のときは、最初にこうして、次にこうして」と教えます。子どもが理解したら、あとは任せてしまいましょう。教わった段取りを忘れてしまったり、うまくできなくても、何度もくりかえしていくうちに、うまくできる自分なりの段取りを見つけていくはずです。そのステップを踏むことが大切です。

この年齢ならこれくらい

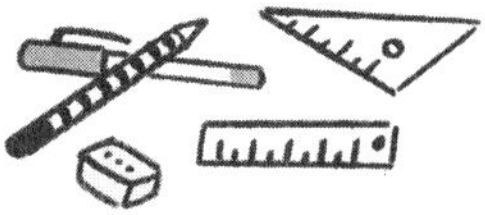

6歳まで

たとえば、「まずお片づけをしてから、掃除機をかけようね」、紙で工作をするときには「糊をつけるときに使う新聞紙も用意しておこうか」、あるいは「ほかに何かいる物あるかな」など、簡単な段取りを教えてあげてください。

10歳まで

段取りを試行錯誤しながら身につけていく、いちばんいい時期ではないでしょうか。右ページに書いたお風呂掃除、階段掃除、簡単な料理などをどんどんやらせるうちに、要領よく仕事ができるようになるといいですね。家族でする大掃除や障子の張り替えのときなどに、「こういうふうに段取っておくんだよ」と教えるのも、楽しいことです。

思春期から

料理をするときに、「手があいたら鍋などの洗い物をしてしまいなさい。料理ができたときには、台所はきれいになっているでしょ」「掃除と片づけは違う仕事よ。まず片づけてから、掃除をするとラクでしょ」など、大切な生活の知恵を教えてください。

危機を乗り切れる

一生、平穏無事にすごせる人は、いないのではないでしょうか。事故などのアクシデントだけでなく、精神的な危機に直面する機会は、だれにでもあるでしょう。いまの世の中では、突然の解雇、食品の有害成分混入や偽装、金融危機といったできごとが、人々の心を不安に陥れています。子どもたちが社会に出るときにもまた、その時代時代の不安があることでしょう。

このような世の中で、それでもたくましく生きていくには、どうしたらいいのか。自信をもって、「私はなんとか乗り切れる」と思えるようになるには、なにが必要なのか。

なにも人並優れた才能が必要なわけではない。「いままで自分の力でなんとかやってきたのだからなんとかなる」というたしかな実感が、心の危機を救うのです。

そして、その実感は、小さなころからの具体的な経験から備わるもの。「自分で乗り切った」という機会を作ってあげてください。

この年齢なら これくらい

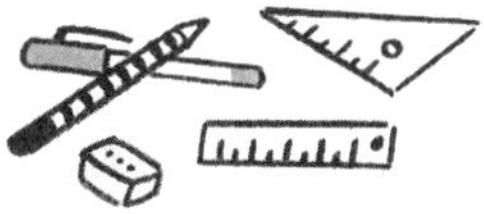

3歳まで

いろいろなことができると、親も子どももうれしい時期。一人で椅子から降りようとして転んだ、お風呂でお湯をくもうとして頭から落ちた、などのときでも、叱ったり、おろおろしたりしないでください。親がおおらかに「だいじょうぶ」「痛かったね」とぎゅっと抱きしめてくれれば、子どもは安心して、また挑戦できるでしょう。

6歳まで

幼稚園や保育園に行きたくなくて、泣いてしまうようなとき。発表会で緊張して「できない」とおびえるようなとき。「お友だちも、みんなきっとドキドキしてるんだよ。きっとうまくいくよ」と子どもの心に寄り添いながら、励ましてあげましょう。

10歳まで

家の仕事を任せることで、自分で乗り切る経験がたくさんできます。見ていて「なにか困っているらしい」「あのままだと、きっと失敗するな」とわかっていても、本人が助けを求めるまでは、ぐっと我慢してください。もし、失敗したら、後始末までさせられるでしょうか。

思春期から

友だち同士で小旅行に行く、進学先を決める、どの習いごとを続けるか選ぶ……、聞き分けのよすぎる親でいるよりも、「親を説得できれば成功」と思えるハードルとなることも、この時期には必要です。

仕事に意義をもつ

「なんのために働くの？」「僕は大人になったら、働かなきゃいけないの？　たいへんそうだから、嫌だなあ」などと、子どもがきいてきたときに、親としてどのように答えるでしょうか。

働くことは、人が自立した個人として「私はしっかりと自分の力で生きている」という誇りをもって生きるために、どうしても必要なこと。このことを、親の言葉で自信をもって伝えてあげてください。子どももなんとなくわかっていたり、学校の先生から教えられたりしているかもしれません。でも、自分を養ってくれている親が、自分の仕事に誇りをもって「働くことは喜びだ」と伝えることの意義は大きいのです。

そして同時に、68ページで書いたような「人の役に立つ」ことの意義も教えてください。「家族のためだから、たいへんだけど、がんばれる」「自分の仕事が、社会の役に立つと思うと、誇らしい」。そんな親の言葉は、いっしょに暮らした年月の重みとともに、子どもの心に残るでしょう。

この年齢なら これくらい

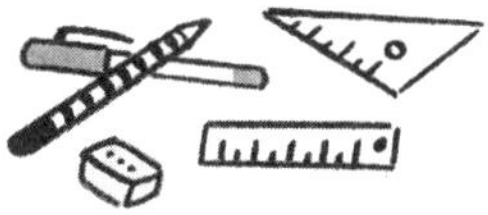

6歳まで

おとうさんのお仕事は、おかあさんのお仕事は、と親の仕事について話してあげましょう。「おとうさんは毎日遅くまで仕事をしているけど、おかあさんや○○ちゃんの顔を思い浮かべるとがんばれるんだよ」という言葉を聞いて育つ子どもは幸せです。

10歳まで

将来の夢を考え出す年齢です。親が自分の仕事について、どんな誇りを持っているのか、毎日支えとしているのは何なのか、どんなときにうれしいのか、話して聞かせてください。そして、子どもが興味をもった仕事が何であれ、「それはいい仕事だね。応援するよ」と認めてあげてください。

思春期から

自分には何ができるのか、価値のある人間になれるのか。悩みの嵐に向かう年齢です。私は、親ばかとは親の特権だと思います。「あなたならだいじょうぶ」「おとうさんとおかあさんの子どもだから、きっといい仕事にたどりつける」と心から信頼してくれる親がいれば、悩みの時期にも自分を見失うことはないのではないでしょうか。子どもが不安に負けそうなときも、「弱音を吐くな」ではなく、「おとうさんも苦しいときがあった」「おとうさんならこうするかな」と寄り添えるでしょうか。

こんなとき　こんなことばがけを

◆読み書きそろばんができる

おかあさんにわかるように話してちょうだい
その説明ではわからないよ
どうしてそうしたいのか、教えて

◆人の役に立つ

自分の身におきかえてごらん
あなたがしたいことだけじゃなくて、相手がしてほしいと思っていることをしなさい
気がついたらすぐしなさい
あなたがやってくれて助かった

◆自分で仕事を見つけられる

よく気がついたね
おもしろいね
人に言われないと何もできないのかな?

◆自分の考えを持つ

おとうさん（おかあさん）はこう思う

どうしてこれがいいのか、教えて
あなたの考えを聞かせて
したいことがあるなら、おとうさん（おかあさん）に説明しなさい

◆投げ出さない
詰めが肝心だよ
最初からやり直せばうまくいくかもしれないよ
やめるなら、おとうさん（おかあさん）が納得できるように説明しなさい

◆本を読む習慣をつける
おかあさんも子どものころ、その本を読んだことがある
読み終わったら、どう思ったか教えて

◆情報とじょうずにつきあえる
人のいうことを鵜呑みにするのはよくないよ
だれが言っていたことかをはっきりさせなさい
インターネットはじょうずに使うと便利な道具だよ

◆プロセスを大切にする
よくがんばっていたことを、おとうさん（おかあさん）は知っているよ

◆時間管理ができる
時は金なり
◆お金の管理ができる
お金を物差しにするのは恥ずかしい
お金はじょうずに使いなさい
◆段取りを組む
いましなければいけないことは何？
◆危機を乗り切れる
あなたはだいじょうぶ
すべきことをしていればいいんだよ
◆仕事に意義をもつ
おとうさん（おかあさん）は仕事が好きだよ
仕事をしているうちに自分に向いた仕事が見つかるよ

3章

人とよい関係を築けるように

人の役に立てる人

一人前の最後の条件は、人間関係を築く力でしょう。

人間関係は、相手あってのことだから、ほんとうに複雑です。思ったとおりの結果にならなかったり、違う考えの者同士だと好意さえも通じなかったり。自分の事情と相手の事情が違って、どうしたらいいのかわからなくなることもよくあります。

子どものうちも、大人になってからも、もっとも深く悩み、魂さえも傷つくような事態は、人間関係から起こることが多いように思います。

複雑だからといって、逃げられるのならいいけれど、私たちは人間関係のなかで生きざるを得ません。いくら人に左右されない強い人になろうとしても、私たちの心は人から影響を受けるようにできているようです。

ただ、人間関係の複雑さ、もろさに目を向けてしまうと萎縮するばかりですが、人間関係の豊かさ、たしかさ、喜びに目を向けられると、人生はさらに豊かに、ここちよくなるものです。

そのためには、人間関係のいいところも悪いところも、小さなうちからたくさん経験しておくこと。そして、人間関係の複雑さを、シンプルだけど驚くほど効果的に変えるちょっとしたテクニック――あいさつや、たったひと言の思いやりある言葉や、笑顔や――を、小さなうちからたくさん身につけておくこと。

この章では、人が最初に出会う人であり、最初にその一員となる共同体である「家族」とのかかわりかたから、人との関係の築きかたを書いています。

家族と気持ちよくすごせる人は、ほかのだれとでも気持ちよくすごせます。家族の役に立てる人は、ほかのどこででも役に立ちます。

家族のなかでたくさん人間関係の練習をしてきた子どもは、どこに出しても恥ずかしくない、人の役に立てる、一人前の大人として通用すると思います。

あいさつをしている

人間関係の基本は、あいさつ。学校でも、あいさつの大切さは繰りかえし習います。会社の新人研修でも、あいさつを学びます。

言うまでもなく、あいさつは身についていないと、口から出てきません。「できる」と「している」とのあいだに大きなハードルがあるのです。そそして、よそ様に対して自然に口にできるようになるには、家庭のなかで親しい人に対して自然に口にする生活をしていないと、無理なのだと思います。す。小さなうちに、家庭で日々、くりかえし、口にさせてください。

あいさつは、不思議なもので、はじめは照れくさく口幅ったい思いがしても、慣れていくうちに、口にするのが楽しいというか、するっと口から出てくる自分がうれしくなるものです。敬語にも、似た要素があります。

家族で行動していたときに、来客やよそへの訪問など、あらたまったあいさつをしなければならない機会も出てくるでしょう。そのときには、親が「こう言うのよ」とお手本を示して、しっかり教えてください。

この年齢なら これくらい

3歳まで

あいさつの言葉は、耳にも心にもここちよい言葉です。赤ちゃんのころから、おとうさんおかあさんの温かい声で「おやすみなさい」「おはよう」「いってきます」「ただいま」のあいさつを聞かせてあげてください。子どもの心にたくさんのあいさつがストックされるように。

6歳まで

小さなうちから、しっかりしたあいさつを家のなかでさせましょう。よその人には恥ずかしくても、家の人になら言えるはず。親が「おはよう」と声をかけ、黙っていたら「おはようは？」と促してみてください。親があいさつする家庭なら、子どももあいさつが身につきます。

10歳まで

子どもの友だちが家に来たら、親からしっかりとあいさつしませんか。お子さま扱いせずに、帰るときにも「さようなら、また来てね」と見送って。

思春期から

お客さまが来たときに、あいさつに出させて「いらっしゃいませ」と言わせる。よそのお宅にうかがったとき、座敷だったら、畳に手をついて「はじめまして」と言わせる。いい加減にごまかしたら、やり直させる手間をおしまずに。子どもが嫌がっても、一人前のあいさつが身についた大人にして世の中に送り出すのは、親の義務です。

公共のマナーを身につける

電車のなかのルール、エレベーターの乗り方のルールなど、公共の場のルールは、だれが教えてくれたのでしょうか。自分自身のことを思い出してください。親がいっしょに電車に乗るときに「降りる人が先よ」などと、いちいち注意してくれたことが、いつのまにか身についていたのではないでしょうか。

あるいは、社会に出てから、人から注意されたり失敗して恥をかいたりしながら覚えたことも、たくさんあるかもしれません。

子どもには社会で恥をかかせないように、親といっしょに行動しているときに、なるべくたくさんの公共のマナーを伝えてください。「レストランでは、静かに話すのがマナーよ」「お店の品物はていねいに扱って、きちんと元のように戻しておくのがルールよ」と、しっかり教えましょう。子どもにうるさいと思われるくらいでいいのです。「親にあれこれ言われるくらいなら、自分からしっかりしよう」と思ってくれれば、しめたもの。

この年齢なら これくらい

3歳まで

「子どもだから」と見逃していると、「子どもだから好きにしていていいんだ」と勘違いします。電車のなかでは、子どもでも静かにするもの。ただ、大人ほど完璧にできなくても、しかたがない年齢でもあります。周囲は、子どものふるまいよりも、親の対応を見ています。

6歳まで

幼稚園（保育園）の集団生活ができるとは、人との関係を気にして、みんなのことを考えながら行動できる年齢だ、ということです。幼稚園で守れるルールは、親といっしょのときも守れるはず。親が「まあいいわ」と思っていると、ちゃんと子どもにもわかってしまいます。

10歳まで

「ドアは次の人がもつまでおさえていて」など注意したとき、「わかってる」と口ごたえしたら、「わかってるなら、言われる前にしなさい」「わかってるだけじゃ、しないのと同じ」と叱ってください。

思春期から

自立の時期です。このまま世の中に送り出して、「世間の迷惑」になるようなことは、何もないでしょうか。この時期が親が教える最後のチャンスです。

10歳まで

人に配慮することを教える

◆友だちを親に紹介する
◆人の家の冷蔵庫を勝手に開けない
◆人が物を落としたら拾ってあげる
◆電車でお年寄りに席を譲る
◆授業中に勝手に席を立たない
◆歩いている人に気をつけて自転車に乗る
◆街中で失敗した人のことをじろじろ見ない
◆図書館の本を期限までに返す
◆大人が話しているときに割り込まない
◆自転車の違法駐輪はしない
◆エレベーターでは「何階ですか」と聞き、ボタンを押す

思春期から

社交の初歩を教える

◆人が話しているときにはさえぎらない
◆人が話しているときに携帯電話に出ない
◆場所にあわせて携帯電話をマナーモードにする
◆駅の階段でぶつかりそうになったら先を譲る
◆エレベーターでは老人やベビーカーの人に先を譲る
◆その場にふさわしい服装で出かける
◆電車のなかで大声で話さない
◆帰宅する時間を伝える（門限を守る）
◆レストランでは上着や帽子を脱ぐ
◆道に迷っている人に声をかける
◆次の人のためにドアを開けて待つ
◆車内で音楽を聴くときはヘッドホンから音がもれない音量で

たとえばこんな、公共のマナー

3歳まで　**子どもだからと見逃さない**

◆新幹線の通路で遊ばない
◆お菓子をもらったら「ありがとう」という
◆お店の品物を勝手に触らない
◆レストランで席を立って歩き回らない
◆人を指ささない
◆保育園におもちゃを持っていかない
◆図書館で読んだ絵本を元に戻す
◆ゴミを捨てない
◆大きな声を出さない

6歳まで　**みんなのルールを守れる誇らしさを教える**

◆エスカレーターでは片側に立つ
◆知らない人とぶつかったら「ごめんなさい」という
◆電車に乗るときに割り込まない
◆食卓で音を立てて食べない
◆くしゃみや咳は人のいないほうをむいてする
◆お店のドアを閉めるときには人に注意する
◆公園で遊ぶときブランコを順番に使う
◆脱いだ靴をそろえる
◆列に割りこまない
◆公共のものは触らない
◆落ちているゴミを拾って捨てる

思いやりをもつ

「思いやりのある子に」「やさしい子に」とは、親ならだれでも願うでしょうが、では、どういうことができるのが、思いやりがあるということなのでしょうか。

おかあさんが重い荷物を持っていたら、「重いだろうな」と気がついて、「持ってあげるよ」と言う。おとうさんが疲れた顔をして横になっていたら、「仕事、忙しいんだろうな」と思って、お風呂を沸かしてあげる。おかあさんが深刻な顔をしていたら、一人にしておいてあげるのも思いやりです。いろいろ考えていくと、思いやりとは、単なるやさしさではないのでしょう。相手への温かいまなざし、自分にできることを探す献身。そして、それを形にすることができる行動力。心で「重そうな荷物だな」などと思っているだけでは、思いやりではないのです。

思いやりのある子は、家庭でたくさんの親の愛情と思いやりのある行動を身に受けて育った子どもに違いありません。

この年齢なら これくらい

6歳まで

２歳３歳の子どもでも、自分よりも弱い存在を守り、困った人をなんとかしてあげたい、と近づいていく心の働きを持っています。「子どもだからわからない」と考えないで。おかあさんが悲しくて泣いているようなとき、子どもが「どうしたの」と来たら、「おかあさん、かなしいのよ」と素直に伝えてみてはいかがでしょうか。ティッシュをもってきてくれたら、「ありがとう。○○ちゃんのおかげで、元気になったわ」と伝えてください。

10歳まで

身体も発達して、おとうさんおかあさんの助けになれる年齢です。はじめは自分から気がつかなくても、親から「これ、もってくれる？」と頼み、「おかげで、１回ですんだわ」と感謝するようなことを繰り返すうちに、自分から「もってあげよう」と動ける子になるでしょう。

思春期から

体格では親と同じか越えることもあるでしょう。この時期に、親に反抗し乗り越えていこうとするのは、自然な成長のステップですが、同時に親の本気度を試される時期でもあります。口論していても、心のどこかで「親に悪いな」「親もたいへんだな」と思いやりがもてる子どもは、それだけ親に愛されていることを実感している子ではないでしょうか。もし、ムスッとしながらでも、手をかしてくれたら、親は笑顔で「ありがとう」とねぎらいましょう。心の中でなにか感じるはずです。

相手の立場を尊重する

この項目は、「相手の立場に立つ」「思いやりをもつ」という意味ではありません。たとえば先生や目上の人には敬語を使う、サッカーのコーチの指導には黙って従うなど人間関係を円滑にするための、いわばテクニカルな内容です。

なぜ、このような内容を「しつけ」とするのか。家庭が、人が最初に属する共同体だからです。共同体という言い方がピンとこなければ、集団、組織と言ってもいいでしょう。

学校組織、会社組織、地域共同体……、人はつねに、なんらかの集団に属して生きていきます。その集団のなかで、ある人が拠って立っている「立場」を尊重できなければ、お互いに好きなことを言い合ったり、いくら正しくても相手には受け入れがたい主張ばかりが行き交うことになります。集団がうまくいかなくなって、結果として不利益をこうむるのは、自分自身。親が教えられない大切なテクニックととらえてみてください。

この年齢なら これくらい

3歳まで

子どもは守られ、愛されるべき存在ですが、家庭のなかでなんでも許されてしかるべき存在ではないでしょう。いわゆる「いいわいいわ」で育った子どもは不幸です。小さな子どもでも、おとうさんを無視したら「ちゃんとお返事しなさい」、おばあちゃんを「くさい」などと言ったら「おばあちゃんになんてことを言うの」と叱るのが愛情です。

6歳まで

子どもは、親の心にある序列を読み取ります。おかあさんが宅配便の人にそっけない態度を取れば「配達の人よりおかあさんのほうがえらいんだ」と思ってしまうでしょう。商売の人をはじめ、人にていねいに接する姿を見せてください。

10歳まで

学校だけでなく、習いごとや塾の先生を、先生として尊敬できているでしょうか。あるいは、駅員さんなどに、きちんとした言葉で話しかけられるでしょうか。親が口伝えに教えてあげなければ、どのように接したらいいかがわからないままです。

思春期から

世の中の構図がある程度、理解できてきます。この場合、この人には自分はどういう立ち位置であるか。テレビドラマや映画を見ながら教えることもできるのではないでしょうか。

客としてのふるまい

　これもまた、家庭の「しつけ」がものを言う項目です。店員に対して横柄な態度を取る紳士を見かけることがありますが、そういう態度を「育ちがわかる」と言うのでしょう。育ちのいい人ほど、客として堂々とふるまいつつ、店員に対して自然に気持ちよくふるまうものです。

　客としてのふるまいは、古典的なしつけのひとつだと思います。

　そしてまた、私たちの社会は、消費社会と呼ばれるように、物の売り買いで成り立っています。昨日は客としてデパートに行き、今日は販売スタッフとしてショップに立つようなことも、珍しくないでしょう。

　このような社会のなかでは、客と店員という立場をわきまえつつ、客として気持ちよくふるまい、店員として気持ちよくふるまえる作法が身についていたほうが、ずっと快適に生きていけるのではないでしょうか。

　親といっしょに買物しつつ、「店員さんに聞いてごらん」「○○はどこですか、ってきくのよ」などと教えてあげましょう。

この年齢なら
これくらい

6歳まで

スーパーやコンビニなどで、子どもが小さなお菓子を自分用に買うときに、レジで出させてみましょう。ポンと放りださないでしょうか、印のテープを貼ってくれたら「ありがとう」と言えるでしょうか。

10歳まで

靴や洋服など、自分で選ぶ練習をしてもいい時期です。「おかあさん、どうやって履くの」となんでも親にきくのではなく、「どうやって履くんですか」と店員に相談できるでしょうか。店員によっては、子どもには返事をしてくれない人もいます。そんなときは、親が口を添えてあげればいいだけのことです。

思春期から

旅館やホテルなどでのふるまいも、教えてください。ホテルの廊下は走らない、など、基本的なルールは知っていないと恥ずかしいことです。ホテルマンやウェイターが子どもに話しかけてきたら、ちゃんと返事をさせて。また、レストランで料理の注文をするときも「オムライスとサラダ」と単語を並べるのではなく、「○○をお願いします」と言うなどの指導も。

知らない人にも物おじしない

社会生活を営むときには、知っている人同士、つまり仲間同士の関係だけでは終わりません。どちらかというと、知らない他人と口をきいたり、同席したりすることのほうが多いのではないでしょうか。

もちろん、電車のなかのように、「関係ない者同士、お互いにいないとみなそう」と暗黙の了解がある場もたくさんあります。こういう場については、「公共のマナー」が重要なのですが（104ページ）、知らない者同士、関わらなければならない場所も出てくるのです。

たとえば、大人であればパーティがいい例でしょう。あるいは、子どもが進学した学校ではじめて親同士が顔を合わせる保護者会で役員を決めるとき、新入社員で入って新しい職場に早くなじみたいとき。

まわりから声をかけてくるまで黙っていたり、相手が自分を理解してくれるまで待っていたりしていても、いつまでも溶け込めないのでは。自分から物おじせずに、人といい関係を築く方法を教えてあげましょう。

この年齢なら これくらい

3歳まで

つねに親子だけですごしていませんか。おかあさんが引きこもっていては、子どもも人間関係を学べません。育児サークルに参加したり、以前からの友だちのところに子連れで遊びに行ったり、ママ友、パパ友の輪が、子どもに「知らない人」でも大丈夫な免疫を作ります。

6歳まで

公園で遊ばせているとき、知らないおばさんがにこにこして話しかけてくれたら、親が返事するだけでなく、子どもにも返事をさせてみましょう。お店でも、「これください」などと、自分でお菓子を差し出せば、「はい、どうぞ」などと店員が話しかけてくれます。

10歳まで

学校の同じクラスの友だちとしか遊べない、などということはありませんか。子どもなりの理由もあるので、強制する必要はありませんが、「違うクラスになったら、遊ばないの？」ときいてみてもいいですね。「違うクラスでも、友だちは友だちでしょ」と親の考えを伝えるだけでも何かが伝わるでしょう。

思春期から

知らない人に対して、一人前の対応ができなければ、恥ずかしい年齢です。親が人前で「困った子ね」「どうもすみません」などとフォローしてばかりいては、どうしたらいいのか覚えられません。

人と会話ができる

コミュニケーションの練習は、親との会話が基本です。それは、高度なことではありません。ささやかな日常の生活が、会話をしながら営まれているだけで、会話の基礎は身につくと思っていいでしょう。

たとえば、食事のときに、「ごはんですよ」と声をかける。黙って席につくのではなくて、「今、行く」「はい」などの返事をさせる。子どもが「聞いて聞いて」と言って楽しかった遊びの話をしだしたら、めんどうくさくても「そうだったの。それで○○くんはどうしたの」などと聞いてやる。「爪切りどこにあるの」ときかれたら、「そこ」「知らない」ではなく「いつもの引き出しにあるでしょ」と答える。「わかんない」と言うなら、「どこを探したの」ときいてみる。

会話とは、人の話に耳を傾け、自分の言葉で返していくこと。相手をしっかりと心でとらえて、その相手に向けて言葉を送ること。小さな会話がしっかりできれば、大きな議論もちゃんとできる人になります。

この年齢なら これくらい

3歳まで

３歳以前の幼児であっても、しっかりとした言葉で話しかけましょう。「しっかりとした」というのは、堅苦しい言葉とは違います。「あらー、できたの。よかったねえ」といった、明るくやさしい言葉、「ほら、抱っこしてあげよう」といった力強い言葉。子どもの耳と心にしっかり届くいい言葉を。

6歳まで

うるさいくらいに話しかけてくる子には、ときには「ちょっと黙ってて」と怒りたくもなるでしょう。そういうときがあってもいいのです。人には都合がある、ということがわかるでしょう。別のときに、ゆっくり話ができれば充分。でも、どうしても聞いてほしい話がありそうなら、耳を傾ける余裕ももってください。

10歳まで

かしこい親ほど、子どもの言いたいことを先に察してしまいがちです。自分で話すまで、待っていてあげませんか。そして、子どもが話した内容について、返事をしましょう。「ほんとうはこうなんじゃないの」など先回りしすぎると、子どもは話す気力をなくすかもしれません。

思春期から

子ども扱いした会話は、拒否しはじめるかもしれません。一人前の人格を認めて、いわば大人と話すようなきちんとした会話を、親から始めてみてください。子どもの世界 ── 友だちや趣味を頭から否定してはいけません。

人に迷惑をかけない

人に迷惑をかけないとは、品行方正でいなくてはいけないということではありません。

自分の言葉や態度が、人の耳にどう聞こえ、目にどう映るか。もし自分が相手から同じことをされたら、どう思うか。そんなちょっとした想像力の問題なのではないでしょうか。

もし、この想像力があれば、うっかり人の迷惑になるようなこと——たとえば、電車のなかでつい携帯電話に出てしまったり、駅の階段を急いで上がるときに逆方向のレーンを歩いてしまったり——をしたときも、まわりが「困った人だなあ」という顔をしていたり、自分が流れをさえぎっていたりすることに、すぐ気がつくでしょう。

このような想像力、家庭のなかで、身近な他人である家族に「そういうことは、してはいけないよ。迷惑だよ」と注意されて、少しずつ磨かれていくのです。

この年齢なら これくらい

3歳まで

自分の行動が人の目にどう映るかを、幼いなりに教える方法はいくらでもあります。わがままを叱られて、ふてくされるようなとき。「ごめんなさいも言えないで、いやな顔をしているのは、恥ずかしい。あなたがそんな子だと、おかあさんは、かなしい気持ちになるよ」など。

6歳まで

汚したトイレの後始末などを教えるときに、「あとで使う人が、気持ち悪いよね」などと、次に使う人の気持ちを考えることを教えてみてください。「じょうずにできたね」と「きれいだと、おかあさんが入るとき気持ちがいいわ」と、両方のほめかたをじょうずに使って。

10歳まで

先を争ってきょうだいを押しのけたとき。「押しのけられた相手は、嫌なものだよ」と教える。床にこぼしたジュースを放っておいて、おかあさんの靴下が汚れてしまったとき。「こぼした人が拭かないと、ほかの人はわからないでしょ」と教えるなど、細かいことが肝心です。

思春期から

思春期の子どもこそ、家庭のなかで不快のモトというか、ちょっと迷惑な存在になりかねないものです。ただ、この時期にいつもさわやかににこにこしている子どもも珍しい。食事のときは機嫌の悪い顔はしない、など最低限のルールは守るように、しっかり伝えてください。

約束を守る

私は、人に向けての最大の非難は「うそつき」という言葉ではないか、と感じています。この「うそ」とは、つくりごと、事実ではないことを言う「うそ」ではなく、「空約束」という意味での「うそ」です。すると言ったことをしない。行くと言った時間にいかない。返すといった物を返さない。

私たちの世の中が、そして人間関係が、約束事でまわっている以上、自分で選んだ約束事、自分で口にした約束事を守れない人は、信用もされず、必要ともされなくなる。大切なルールを教えてあげてください。

もちろん、生きていくうえではさまざまな事情ができ、心ならずも約束を守れないことも出てきます。どちらかを取らねばならないジレンマに陥ることも出てくるでしょう。

だれでもそのような複雑な事態にであうものであるからこそ、それでも自分で自分に課した約束を守ろうとする強さを、育てていかなければならないのではないでしょうか。

この年齢なら これくらい

6歳まで

小さな約束をちゃんと守れるでしょうか。「毎晩、歯を磨く」といった小さな約束でも、「今日だけよ」と見逃してしまっては、習慣になってしまいます。「磨いた」とうそをついたときに、笑って許すよりも、「磨いてないのに磨いたって言うのは、よくないよ」と教えましょう。また、親の側が、子どもだからと思って約束を気軽に破っていませんか。「明日は遊んであげる」と約束したなら、子どもはちゃんと覚えています。「おとうさんのうそつき」と言われないように。

10歳まで

周囲から与えられている約束事だけでなく、自分で決めた約束事ができてくるでしょう。「朝、玄関をほうきではく役目」を決め、約束したなら、寝坊して遅刻しそうになっても、子どもの手でさせてください。

思春期から

この時期は、人生でもっとも純粋な「うそはいや」という感覚を持っている時期ではないでしょうか。親が悪気のないうそを言ったり、大人の事情を優先して約束を破ることが許せないのです。幼いつもりでごまかさないで、親が素直に「悪かった」「ごめんなさい」と謝ったり、きちんと事情を説明する態度を見せてください。

人をゆるすことができる

ゆるす――「許す」とも「恕す」とも書きます。人に対して厳しすぎる人を見ると、「この人は、育ってくる過程で、温かくゆるされたことがなかったのだろうな」と悲しい気持ちになります。他人に対しては物分かりがいい人でも、身内に対してはわずかなこともゆるさない厳しい人もいます。そういう人は、家庭のなかで厳しく求められすぎて育ったように感じます。

この本で書いてきたように、自分のことは自分でし、人に思いやりを持ち、約束を守り、清潔にすごし……と、自立し自律した暮らしを営むのは、すばらしいことです。ただ、日々の暮らしも人の気持ちも、いいときも悪いときもある。「きちんと」と「だらしなく」のあいだや、「努力する」と「休みたい」とのあいだを揺れたりしながら、ほどほどにうまくまわれば、それが豊かに生き、気持ちよく暮らすということでしょう。

子どもに対して、親はもっとも厳しく、そしてもっとも寛容な存在となりえます。厳しさとは、その根底に寛容があってこそ、相手に確かに届くもの。親からひろい心でゆるされる子どもは、強い人になるでしょう。

この年齢なら
これくらい

3歳まで

親がまず、うっかりしたとき、いけないことをしたときに、子どもに「ごめんなさい」と言っていますか。子どもがうっかりミルクをこぼしたとき、「よそ見してるからでしょ」と怒るよりも、「手元に気をつけなさい」とさとしながら、自分で拭くことを教えているでしょうか。

6歳まで

友だちとけんかしたとき、「○○ちゃんが悪いんだもん」と言い張っているなら、「先に手を出したほうが先に謝りなさい」というルールを示すこともできますが、「けんかは、両方に原因があるんじゃない?」「あなたに悪いところはなかったの?」と自分の非を認めて相手を許すことも教えませんか。

10歳まで

子どもに求めすぎていませんか。習いごとをがんばり、学校の勉強でいい成績をとり、他人の前ではいい子で…と「いい子」を求めすぎると、「いい子でなければ親が自分を好きでいてくれないのでは」と不安になるかもしれません。がんばったことをほめながらも、「あなたは、あなただから大切なのだ」ということを伝えてください

思春期から

人はまちがうこともある。我を忘れることもある。その弱さを否定するのではなく、気づいたときに反省したり、もうしないように気をつけることが、大切。子どもが親の非を指摘したときに、素直に「そうだった」と認められますか。

身だしなみに気を配る

子どもが玄関から出るときに、子どもの服装に気を配ることをおろそかにしないでください。身だしなみを教えるのは、親しかいません。

どこかに汚れや乱れがないか。行き先にふさわしい服装をしているか。季節に合った服装をしているか。サイズが小さくなっていないか。ちぐはぐな取り合わせで出て行こうとしていないか。

そんなにうるさいことをしなければならないのか、と思うでしょうか。そう、親だからしなければならないのです。社会人になって、困るのは子ども自身だから。自分で気がつける子はいいけれど、自分の身だしなみに気がつけないまま人から笑われるはめになるのは、悲しいことです。

子どもにうるさいと言われようとも、「親が見ている」と気にして、ちゃんとしようと思ってくれれば大成功です。ただ、くれぐれも、「これを着なさい」と親が指示するだけでなく、子ども自身にも考えさせてください。

この年齢ならこれくらい

6歳まで

制服のある幼稚園なら、帰ってきたら着替える習慣を。私服で行く幼稚園や保育園なら、園で遊びやすく、動きやすい服装を整えてあげてください。おしゃれすぎる服装で行くのは、かえってみっともないのです。園で洋服が汚れたら「家に帰ったら、着替えようね」と教えます。

10歳まで

自分で洋服を選ぶようになったら、学校用、遊び用、おしゃれ用など、用途をいっしょに考えながら、買いに行くのもいいことです。毎日、同じ服を着ていたら、「洗わないと不潔でしょう」と清潔を保つことも忘れずに。

思春期から

服装で自己主張したい年齢です。この時期にいろいろやってみることは、おしゃれの練習にもなるので、トライするのは悪いことではありません。けれども、親に見られて恥ずかしい服装はしない、といった抑制も大切。親から見てひと言言いたい服装なら、ひと言言っていいのだし、第一印象が人からの評価を決めることも教えましょう。たとえその場では反抗していても、親の意見は必ず心に残ります。

空気が読める

場の空気――みんなが楽しんでいる、盛り上がっている、ちょっとしらけている、まじめになろうとしている、そんな「空気」を読むのは、私たちに日本人の得意技だったはずです。感受性が豊かで、人の気持ちを察し、物事をあいまいのうちにうまくやっていく、豊かでやわらかい心が、日本人の文化といえます。

もともと、どんな子どもでもそんな素質をもって生まれてくるのではないでしょうか。けれども、はじめて自分を受け入れてくれた「家族」という場で、その素質が磨かれないと、衰えてしまうのでしょう。

親が子どもの世話を焼きすぎていませんか。親が世話をしてくれたり、「こうしなさい」と指示してくれたりするのをぼーっとして待っている子どもは、親がいないところでは、周囲に気を配ることさえできないでしょう。「自分は今、どうしたらいいだろう」と考えたことがない子が、「空気が読めない」子になってしまうのではないでしょうか。

この年齢なら これくらい

6歳まで

公共の場でわがままを言って泣きわめいているとき、古典的な「怖いおじさんが見てるよ」などと言うのも、悪いことではありません。人目を気にするのは、大切なこと。ただ、同時に「おかあさんは恥ずかしい」「うるさくて、みんなが迷惑だよ」と親の考えも伝えてください。２歳３歳の子どもにも、毅然とした親の態度は通じます。

10歳まで

「空気を読んで、自分を殺す」のが、処世術かもしれません。けれど、「空気を読んで、場を持たせる」のも、人間関係のなかで自分の居場所を作っていくために、たいせつなこと。家で友だち同士で遊んでいるとき、親がなにか変な空気が漂いだしたことに気づいたら、放っておかないで「どうかした？」と声をかけて。子どもたちが場をつくろうためには、アドバイスも必要です。

思春期から

自分の子どもが、学校やその他の集団で、苦しい思いをしていることがわかったら、全力で支える覚悟をもてるでしょうか。親も、どこかで教師やカウンセラーなど人が決めてくれると思っていませんか。子どもが「もうだめかも」ともらしたら、即その言葉を受け止めてください。いまはフリースクールなど、いくらでも対処の方法はあるのです。

笑顔でいる

気持ちのよい笑顔でいる人は、それだけで人を温かい気持ちにさせます。かっこうをつけてクールなよそよそしい顔でいる人よりも、にこっと笑いかけてくれる人に、人は好意を持つものです。

笑顔でいることの大切さを、子どもに教えてあげましょう。おとうさんおかあさんが、子どもの顔を見てほほえみかける毎日が、子どもをにこやかで、明るい子にするのです。

もちろん、いつもいつも笑顔でいられるわけはありません。気分が落ち込む日も、忙しくてイライラする日もあって当然。子どもがいけないことをすれば、厳しい顔で叱ることもあるでしょう。

けれど、それ以外のあたりまえの日々の中で、子どもと目があったらにこっとする。楽しい話をしていっしょに声を出して笑う。「あなたが笑顔でいると、おかあさんも幸せ」と子どもの笑顔をほめてあげる。そんなちょっとしたことで、子どもはいつも笑顔でいられるのではないでしょうか。

この年齢なら これくらい

3歳まで

このくらいの年齢の子どもたちは、いつも幸せでいるのが自然なことのように思います。子どもの時期にしかない、心からのうれしい笑い声を聞けば、親も自然にほほえみたくなるもの。いっしょにたくさん笑ってすごしましょう。

6歳まで

子どもながらに悲しいこともできてきます。泣いたあとでも、気持ちを取り直してにこっとしたら、「あなたが笑うと、おかあさんもうれしくなる」と伝えませんか。親がつらい気持ちでいるときも、子どもがなぐさめようとしてくれたら、「ありがとう」とにっこり笑い返してあげてください。

10歳まで

子どもが学校から帰ってきたとき、忙しい最中でも、「おかえりなさい」と笑顔で迎えてあげていますか。ほっとできるわが家に帰ってきたときに、家族が不機嫌でいるのは、悲しいものです。

思春期から

子どもがむっつりとした顔で帰ってくる日々になるかもしれません。不機嫌さは思春期の現象としても、親まで子どもの気分に左右されていては、家庭の空気は暗雲垂れこめてしまいます。子どもの不機嫌など気にもしない余裕を。

こんなとき　こんなことばがけを

◆あいさつをしている
あいさつで第一印象が決まるよ
あいさつができない人は半人前だよ
あいさつができると気持ちいいね
いいかげんなあいさつは、かえって恥ずかしいよ

◆公共のマナーを身につける
子どもでもマナーは守るものだよ
守らない人がいるからって真似してもいいの？
マナーを守るとすがすがしいね
人に嫌な思いをさせない人は、自分も人からいやな思いをさせられないものだよ

◆思いやりを持つ
思いやりは心で思っているだけでは伝わらないよ
あなたはよく気がつくから、すばらしいね
あなたが思いやりのある子で、誇らしい

◆相手の立場を尊重する
人には人の立場があるんだよ
相手の（自分の）立場を考えなさい

◆客としてのふるまいができる
店員さんにはていねいに話しなさい
お金の払いかたで育ちがわかるよ
（おかあさんに聞くのではなく）自分でお店の人に聞いてごらん

◆人と会話ができる
あなたのお話はじょうずだから、よくわかるわ
その言いかたでは通じないよ
呼ばれたら返事をしなさい

◆知らない人にも物おじしない
「いくつ」ってきかれたら「○歳です」ってお返事するのよ
いっしょに遊びたいときは「入れて（混ぜて）」って言ってごらん
おかあさんがついていてあげるから、自分で言えるかな
人に道を聞くときは「ちょっとおたずねしますが」と言うのよ

◆人に不快な思いをさせない
人の悪口は、自分に跳ね返ってくるよ
いつまでもふてくされているのは、みっともないよ
あなたが不機嫌な顔をしていると、みんなが嫌な気持ちになるよ

◆約束を守る
うそは必ずわかるものだよ

ひとつうそをつくと、次々にうそをつかなければならなくなるよ
できない約束は、最初からしないこと

◆人をゆるすことができる

だれでもまちがうことはあるんだよ
お友だちが「ごめんなさい」って言ったら、すぐ仲直りできるかな
あなたがちょっとくらい失敗しても、おとうさんやおかあさんはあなたが大好きだよ

◆身だしなみに気を配る

あなたがその服を着ていると、おかあさんはうれしくなる
いくらおしゃれでも場にふさわしくないファッションはださいよ
身だしなみは自分のためだけでなく、人のために整えてもいるんだよ
人は第一印象で評価されてしまうんだよ

◆空気が読める

人の気持ちを考えてね
人の顔色をうかがうことはないのよ、自信をもって
自分ではどうしようもないことが起きたら、必ずおとうさんやおかあさんに教えてね

◆笑顔でいる

あなたが笑うと、おかあさんも笑いたくなる
笑顔がすてきね

4章

人として善く生きられるように

美しく生きられる人

私は、どんな時代、どんな文化であれ、人としての美しさには大きな違いはない気がします。まわりから、「あの人といっしょにいると、温かい気持ちになる」「あの人が来ると、ぱっと明るくなる気がする」「私も、あんな人になりたい」と必要とされる人は、少なからずいるものです。

そういう人たちに共通する、温かさ、明るさ、やさしさ、そしてきちんとした感じ。そういうものは、どこからもたらされたのでしょうか。

もちろん、その人が持って生まれた素質もあるでしょう。けれども、それ以上に大きいのは、「育ち」なのではないでしょうか。

親から愛され、ほがらかで温かい家庭ですごし、厳しくしつけられた人。家族を愛し、家族のために働き、温かい家庭のなかでも自分を律して暮らしてきた人。そういう人は、おのずから「自律」を身につけ、ものごとの明るい面に目を向けられる大人に育つように思います。

この章では、人として善く生きること、美しく生きることを考えていま

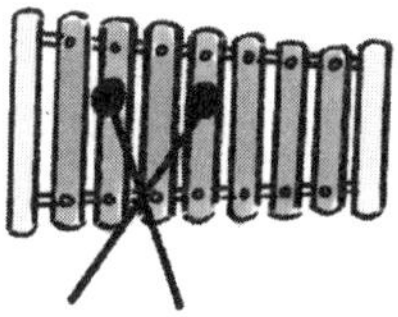

す。言葉はりっぱですが、内容をごらんになればわかるように、だいそれたことが書いてあるわけではありません。

あたりまえのこと、毎日の生活で普通にできることばかりです。でも、それがあたりまえ・普通であるためには、親がそう思っていないと、無理なのです。家庭を、「プライベートだから好き勝手にしていい場」ではなく、「家族がすごす場だから、家族が気持ちよくいられるように配慮する場」と考えてみてください。

私は、具体的にしつけをすることと同じくらい、親が善くあろうと努力している姿を見せることがたいせつだと思っています。親もまた弱い人間なので、つねに「善い姿を見せる」ことなどできません。でも、「善くあろうと努力している姿」を見せることは、できるのではないでしょうか。その努力する姿が、子どものお手本となるのだと思います。

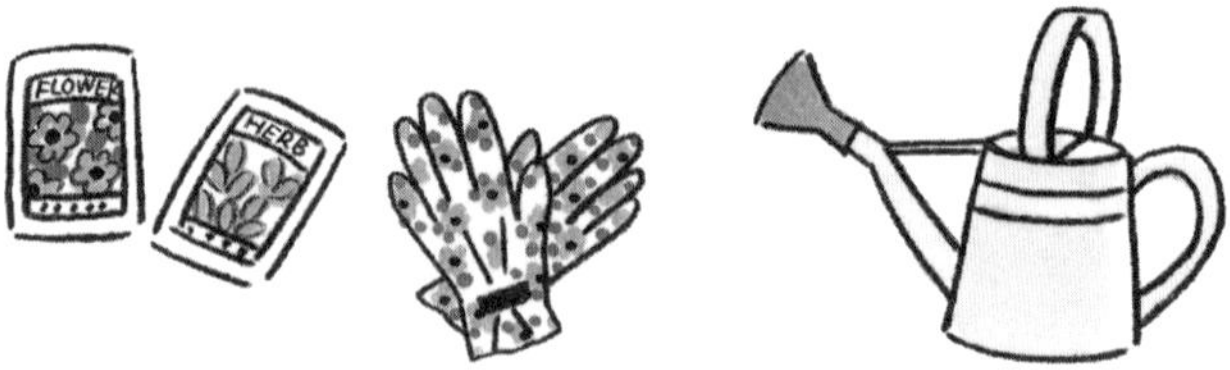

身軽にぱっと動ける

身軽にぱっと動く身体は、生まれつき備わるものではなく、身体が大人になるまでに動いてきた量によって決まるのではないでしょうか。子どもの時期とは、体格が整うだけでなく、神経系が整う時期です。

感覚器と運動器の連動、とむずかしく考えるまでもなく、心で思ったことがすぐ行動に移せる、行動から感じたことを心にしっかり届かせられる、そんなやわらかく、軽やかな身体は、一生、変わりなくその人の底力となってくれるでしょう。働き者であることは、生きていく力です。子どものうちに、たくさん身体を動かす機会を作ってあげてください。

外遊び、親子で散歩、ペットの散歩、庭やベランダでの手入れの仕事。外ですることもたくさんあります。

掃除や洗濯、料理、片づけなどあらゆる家の仕事の手伝いをはじめ、宅配便が来たときにぱっと立って応対する、布団の上げ下げをする、ちょっとしたお使いに走る。家ですることも、積極的に取り入れてください。

この年齢なら これくらい

3歳まで

集合住宅の高層部や、いろいろ危険も多い都市部に住んでいるような場合、つい家のなかでの遊びばかりになっていませんか。ベビーカーでショッピングセンターに連れ出すのは親のお楽しみ、子どものお楽しみには公園や原っぱ、川辺などで思い切り走れるほうがいいようです。

6歳まで

水遊びや泥んこ遊びが大好きな時期です。遊びの延長で、ベランダの植物の水やりをいっしょにしたり、お風呂のタイルを親子でごしごししたり、楽しんでください。「お手伝いする」と子どもが言うときは、たいがい忙しい最中ですから、親のほうから都合のいいときに「お米、研ぎたい？」と誘ってみましょう。

10歳まで

ゲームはいまは子どもの世界に不可欠な遊びです。取り上げるのではなく、時間を決めると同時に、それ以外の時間にたくさん身体を動かせるように仕向けてみましょう。外遊びに追い出す、家の仕事を頼む、夕方に家の仕事の役目を作っておくなど、手はいろいろあります。

思春期から

スポーツをしていれば体を動かしているからだいじょうぶ、と思っていませんか。スポーツはそのスポーツに特有の筋肉や神経系を発達させますが、全体のバランスがよく整うとはかぎりません。日常にも動ける身体を。

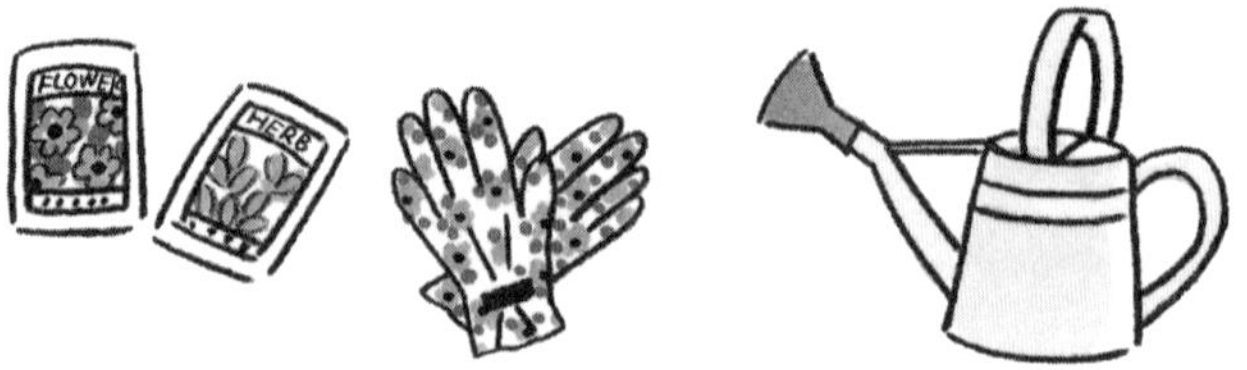

明るくすごせる

明るくすごすのは、笑顔と同様、ある種のテクニックです。

子どもの世界でも、学校でいやなことを言われたり、友だちと口げんかをしてしまったり、テストの点がひどく悪かったり、サッカークラブで自分のミスからチームが負けてしまったり……気持ちが重く沈むような出来事は、いくらでも起きているでしょう。

もちろん、寝不足でだるかったり、暑さ寒さで不快だったり、といった身体がすっきりしないときも、たくさんあるでしょう。家だからこそ、とりつくろわない顔を見せるものです。

だからといって、不機嫌な顔、つらそうな顔をしていても、なにか事態が変わるわけではありません。つらいことを乗り越えて、明るくすごす方法を、教えてあげましょう。

親から見て、「今日は何かあったのかな」と察せられるときには、放っておかないでさりげなく声をかけてみてください。

この年齢なら これくらい

3歳まで

深刻な事態は、まだない年齢です。寝起きで機嫌が悪くてめそめそしているとき、苦手なおかずで怒り出したようなとき、「あなたが怒っていると、みんな、ごはんがおいしくなくなるよ」などとたしなめて。子どもであっても、自分のふるまいの影響はわかっています。

6歳まで

友だちと物の取り合いをした、などの出来事が、家でもあとを引いているなら、「どうしたの？」ときいてみましょう。この年齢では、おかあさんが聞いてくれるだけで充分なのです。「明日は仲よく遊べるよ」とおかあさんがにっこりすれば、子どもも明るくすごせます。

10歳まで

おとうさんに叱られて、いつまでもふてくされているようなことはありませんか。おかあさんが「ちゃんと謝りなさい」と助け舟を出せば､子どもも切り替えられます。謝ったあとは､家族もいつまでも引きずらないで｡「さて、ごはんにしましょう」などと切り替えてください。

思春期から

親と口げんかをして部屋に閉じこもったりしたあと、部屋から出て行くきっかけを自分から作れないのが、この年齢です。親のほうが一枚上手になって、「コーヒー、入れたけど飲む？」と、けろっとして声をかければ、子どもも「今行く」と素直になれるのではないでしょうか。

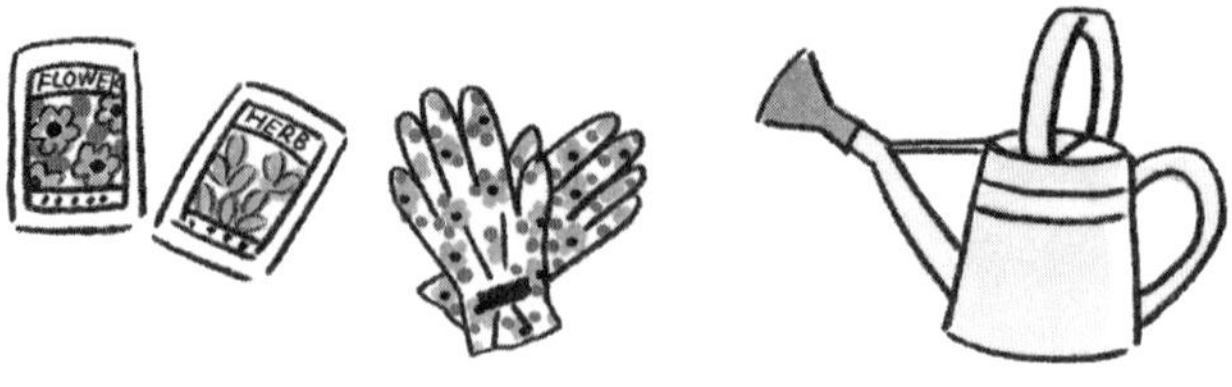

自分の弱さを受け入れる

弱さをも、自分という人間なのだと受け入れる〝強さ〟を身につけるには、自分ひとりの力だけでは苦しいように思います。だれかがこんな弱くてダメな自分でも受け入れてくれる、という経験、だれもが弱くてダメな部分を抱えながら一所懸命にやっているんだ、という実感が、その強さを育むのではないでしょうか。

親だから、子どもの弱さ、ダメさをも受け入れられます。「弱くても好き」ではなく、弱さも含めてその子という人格なのだとおおらかにすべてを受け入れられる。その安心感、信頼感が人間として強くするのではないでしょうか。

また、家族のあいだでは、他人には見せたくない弱さやダメさも、お互いに見えてしまうものです。親自身が、自分の弱さを受け入れながら、その弱さに負けないでいようと努力している姿を見せているでしょうか。そんな親の姿は、どんな言葉よりも、子どもを励ます力となります。

この年齢ならこれくらい

3歳まで

ダメね、下手ね、弱い、すぐ泣くんだから、など、子どもが「自分はダメなんだ」と思うような決めつけをうっかりしていませんか。

6歳まで

友だちと比べて劣るところがあることに気がつきだすころです。「ダンスができないの」「みんなと遊びたいのに、入れないの」……。親から見て、やきもきするようなこともあるでしょう。子どもは大人が思う以上に曇りない目で自分自身をとらえているように思います。無理になぐさめるよりも、「だいじょうぶ、おかあさんがついている」「あなたはそれでいいのよ」と認められるでしょうか。

10歳まで

運動会のリレーで、緊張してほかのチームの子に抜かれてしまった――自分の弱さに気づくとは、成長へのきっかけでもあります。「ダメだった」と落ち込んでいたら、「次はがんばれ」と言うだけでなく「だれでも緊張するんだ。でも慣れていくものでもあるよ」と教えてあげて。

思春期から

子どものころよくできた子が、思春期ごろに「こんなはずでは」とつまずくことがあります。成長のスピードも、才能が花開く時期も、人それぞれ。親が「期待はずれだった」という態度を取っては、身の置き場がありません。「そういうこともあるわよ。次に期待しているから」と言ってあげられますか。

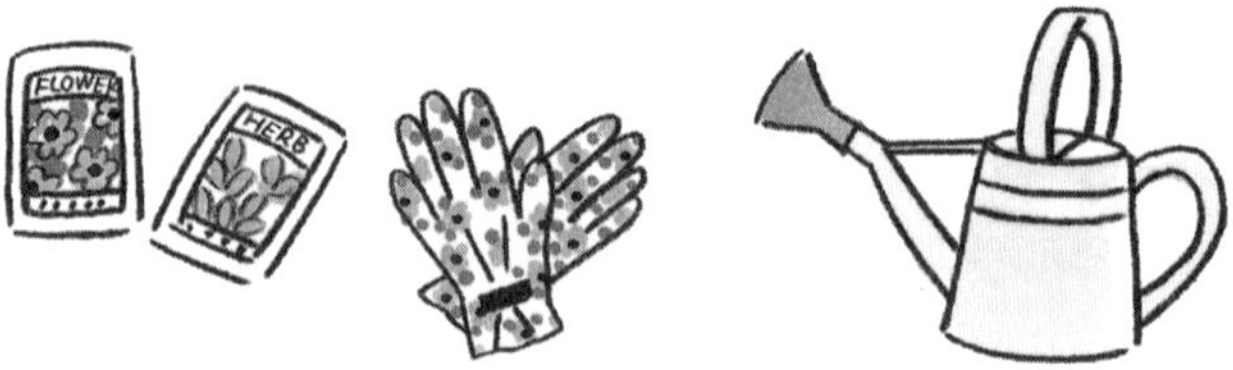

プライドをもっていられる

プライド（自尊心）とは、よく働けば人をより高いところに導いてくれるけれど、悪く働けば「井の中の蛙」的に視野を狭くさせてしまう、両方の働きをもっています。

どうしたら、子どもは自分を発揮できるプライドをもてるのでしょうか。

ひとつには、「あなたは、あなただから大切なのだ」と、親から全幅の肯定を受けていることでしょう。ありのままの自分を認められていると思える人は、虚勢を張るようなことはないものです。専門用語では自己肯定感と言います。

もうひとつには、子どものころから「やってみたら、自力でできた」「失敗しても、自分で解決できた」という経験をたくさん重ねて、「私は、だいじょうぶ」「私は、成果を出せる」と自分を尊重できること。

これらの土台のうえに、有名な大学に入った、仕事で成功した、といった経験が積み重なって、実力を伴ったプライドが築かれるのでしょう。

この年齢ならこれくらい

3歳まで

「あなたが大好き」「あなたが生まれてきてくれてよかった」という全肯定は、すべての子どもに親から降り注がれていいプレゼントだと思います。子どもが「○○ちゃんも、おかあさん、大好き」とぎゅっとしてくれたら、「うれしい」と応えてあげてください。

6歳まで

「見てて！」「自分でできる！」とうるさく親に要求する時期です。このときに「うるさい」「あとで」と親が関心をもたなかったり、見とどけるのをめんどうくさがったりすると、「自分は認められていない」「親が関心をもたないのは自分がだめだからだ」と不安に思うかもしれません。そのぶん、友だちに虚勢を張るようになっては困ります。めんどうくさくても、「うん、見てるよ」「ひとりでできたね」と見とどける心のゆとりを。

10歳まで

宿題ひとつとっても、親が見ていてくれるからやり遂げられます。テストの100点がうれしいのは、親がほめてくれるからなのです。子どもの期待を裏切らないで。

思春期から

思春期は、子どもの自我をいったん壊して、大人の自我をつくりあげる時期です。「まだ自分は何者でもない」という不安に、心が荒れ狂う時期。親は思ってもいないことで認める必要はありません。親が信頼していてくれることが、拠りどころとなるのではないでしょうか。

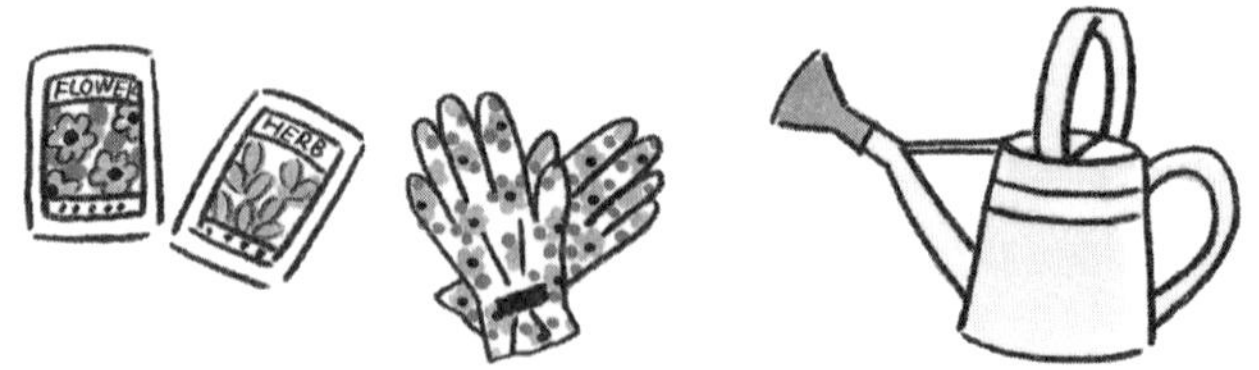

責任感をもてる

責任感とは、どこから備わるのでしょうか。私は、「これは、私のことなのだ」と思える感性が、責任感を育むのだと思います。

学校の掃除当番でも、「当番は先生が決めたんだし」と人ごとだと思っていたり、「だれかがしてくれるだろう」と人をあてにしていたりする子どもは、掃除に対して責任感がもてないわけです。「みんなで当番を決めたから」「私のクラスだから」と、自分のことだと考える子は、先生が見ていなくてもきちんと責任をもって掃除をするでしょう。

人のことを自分のこととして考えろ、と高度な要求をしているわけではありません。何であれ、自分が関わっていることについて、「だれかのせいにはできない。私の問題なのだ」と考えられるかどうか、なのです。この感性は、子どもが育つ過程で、親が「自分のことは自分でし、自分で決めるのが、あたりまえ」としつけるなかで、育まれるのではないでしょうか。

この年齢なら これくらい

6歳まで

「おかあさんのせいで、牛乳をこぼしちゃった」と人のせいにするときは、「人のせいにするんじゃありません」と厳しく叱ってください。そして、こぼした本人に後始末させましょう。「食べた食器は自分で片づける」という約束なら、子どもが忘れていても、おかあさんが片づけないで。「まだ出てるわよ」と教えて、自分の手で片づけさせるようにしてみてください。

10歳まで

家の仕事の役目は決まっていますか。役目が決まっていることで、その仕事が子どもの責任となるのです。ただ、責任を取るには、親が一方的に決めるよりも、子ども自身が決めたというステップがあるほうが、気持ちがいいものです。

思春期から

家の仕事への責任、家族への責任、自分自身の生活への責任……、いろいろなことがわかってくるはずです。この時期に、「親がすればいい」「親が決めればいい」ではなく、「あなた自身のことだよ」という姿勢で一人前扱いすると、子どもは親が与えてくれた責任を果たそうと、どんどん成長するでしょう。

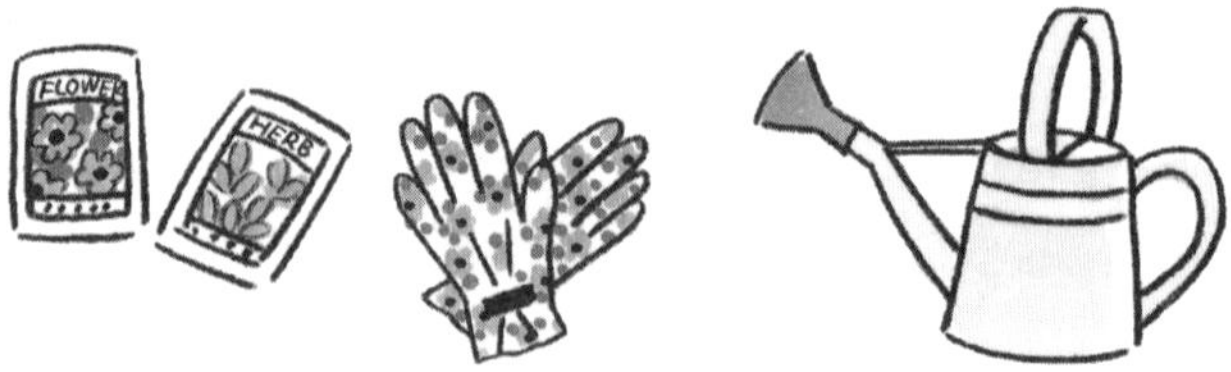

人を批判しない

家のなかで、だれかの悪口や批判があたりまえの話題になっていたら、子どもはそれがふつうの会話なのだと勘違いしてしまうでしょう。とくに、テレビ番組では批判や批評、非難が多く、親が見ている番組を子どもも聞きながら、レストランの料理へのグルメ評論や、政治家への批判、犯罪容疑者への糾弾が、大人の会話だと思ってしまうかもしれません。

でも、日常生活では、人の批判ばかりしている人、平気で悪口を言う人は嫌われるだけです。相手の立場や事情も考えずに、正論ばかり言う人も、煙たがられてしまいます。

ただでさえ子どもが育つ環境では、批判や非難が多いのだから、せめて親との会話くらいは、温かいものにしませんか。

子どもがわかったようなことを言ったら、「簡単に人を批判するのは、やめなさい」「大人のことに口出しするのは、よくないことだ」とたしなめることも必要です。

この年齢なら
これくらい

6歳まで

この年齢の子ども同士が、本人のいないところで友だちに関する嫌な話をしているようなとき、「○○くんのいないところで、悪口はやめようね」と教えてください。「いいことだったら、いくらでも話してね」とも。

10歳まで

テレビを見て、「地球温暖化がたいへんなのに、あんなふうにゴミを捨てちゃいけないんだよ」とわかったように言うなら、「そうだね、あなたは家でちゃんとゴミを分けて捨ててる？」「すぐゴミになるおもちゃをもらってきたりしていない？」ときいてみてもいいでしょう。

思春期から

親の態度に批判的になる年齢です。世の中に対しても、ナイーブな批判をすることもあるでしょう。頭でっかちな批判や、どこかで聞いたような評論をしていたら、「聞きかじりのことを言うのは恥ずかしい。少なくとも、自分の考えで話しなさい」「じゃあ、あなたならどうする？」と教えてください。

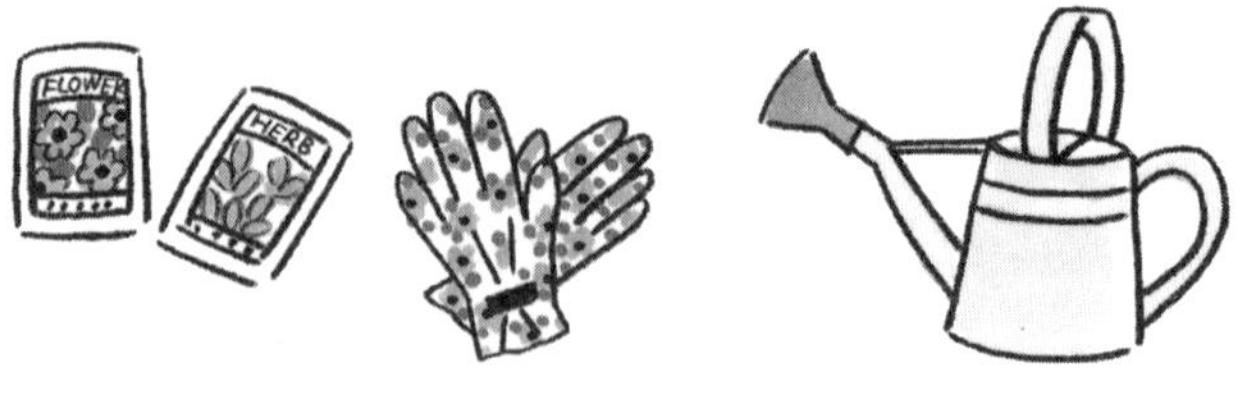

家族を大切にできる

わざわざ「家族を大切に」などと言わなくても、ほとんどの人は自分の家族のことを愛し、優先して考え、大切にしているでしょう。

さて、夫婦の関係で考えてみましょう。お互いに、「いろいろたいへんだろうな」「この人と結婚したから今があるんだな」と感謝はしていても、いっしょにすごす日常では、ちょっとおろそかにしてしまうことも珍しくありません。「帰りが遅くなる」と電話をしなければ、家族が夕食をしないで待っていてくれることがわかっていても、つい後まわしにしてしまう夫。「お疲れさま」と言えば喜ぶとわかっていても、「ただいまくらい言ってよ」と文句が出てしまう妻。横でむっつり新聞を読んでいるパートナーを、うっとうしく感じてしまう……親しい関係だから起きること。

家族を大切にするとは、おおげさなことではなく、毎日の小さな心づかいと、ひと言を口に出す努力。それだけは、親が子どもに要求し、みずからも身を持って教えてください。

この年齢なら これくらい

3歳まで

とくに母親は、子どもと自分だけの関係に閉じてしまいがち。かわいい盛りであり、手がかかる最中でもあるので、ほかに気持ちがいかないかもしれませんが、おとうさんが帰ってきたらいっしょに玄関まで迎えに出て抱っこしてもらう、上のきょうだいにも世話をしてもらう、など、家族の手にも子育てを分けてあげてください。

6歳まで

子どもが親や祖父母に対して使う言葉づかいは、親の真似をしていることも多いものです。子どもがぞんざいな言いかたや、えらそうなふるまいをしていたら、少し自分を省みてもいいかもしれません。

10歳まで

遊びに行くときに、「どこに、だれと行って、いつ帰る」と伝えるのは、家族を大切にする基本です。帰る時間を守らなかったら、「約束を破った」ことを叱ると同時に、「心配しているおかあさんの身にもなりなさい」と家族の気持ちを教えましょう。

思春期から

「電話しないと親が心配するな」と思って帰る前に電話をするなど、親への配慮ができるでしょうか。「家族を心配させないのは、家族のルールよ」と言えば、理解できるはずです。

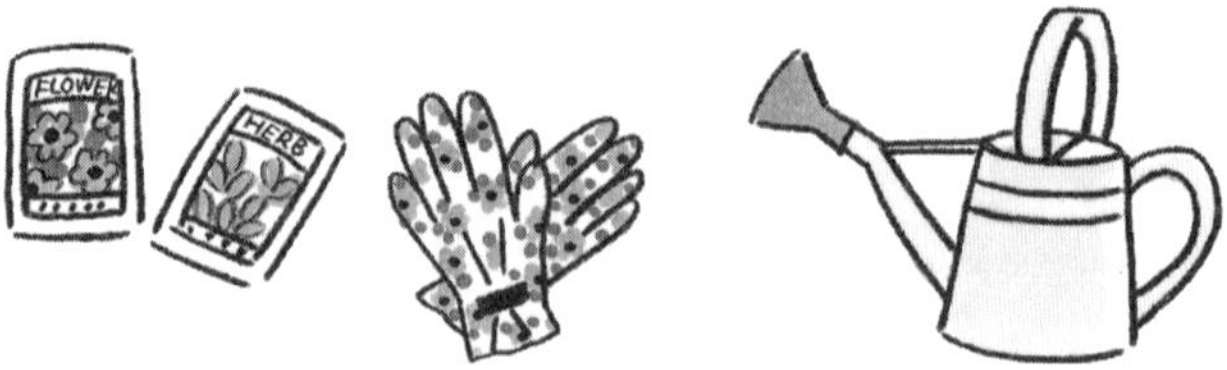

努力できる

子どもが何かをしたいと言い出したら、「そんなの、やっても無理だ」「おまえには才能はないよ」と、気軽に却下していませんか。

習いごとやスポーツなど、せっかく好きで始めたことなのに、いつまでたっても役がつかなかったり選手になれなかったりすることは、よくあります。そんなとき、親のほうが「これ以上、がんばっても同じじゃない?」などとあきらめていませんか。

努力できるだけですばらしいし、努力はすぐに実るものでもないのはわかっているのに、子どもに対してはなぜか「親のほうがわかっている」と評価を下したり、性急に答えを求めたりしてしまうものです。そんな親心を自覚して、少し長い目で子どもが努力できる環境を整えてあげましょう。

また、経済的な理由や、親の時間的な理由で、習いごとや受験への挑戦をやめさせるのなら、正直に理由を説明したほうが、子どもも納得できます。

この年齢なら
これくらい

3歳まで

「自分のことは自分で」の項に書いたことと同じです。はさみを使うのも、一人で洋服を着るのも、子どもにとっては「やればできる」という自信のもとになるのです。親が「まだできないから」「まだ早いから」と言っていては、いつまでたっても「できない」ままです。

6歳まで

子どもが何かに一所懸命取り組んでいるときに、それに水を差すようなことをしていませんか。靴をひとりで履こうとがんばっていたら、「あなたには無理よ」と親が履かせてしまっては、「私には無理なんだ」と思ってしまいます。

10歳まで

与えられすぎると、求めることがむずかしくなります。「したい」という習いごとなら何でも次々にさせる、「ほしい」という物を比較的簡単に買い与える、などしていては、努力して成果を得るようなまわりくどいことが苦手になるかもしれません。何でも子どもの言うことを聞く親ではなく、子どもに努力する余地を残しませんか。「洋服はもうこれで充分ある」「クリスマスと誕生日以外には、ゲームソフトは買わない」など。

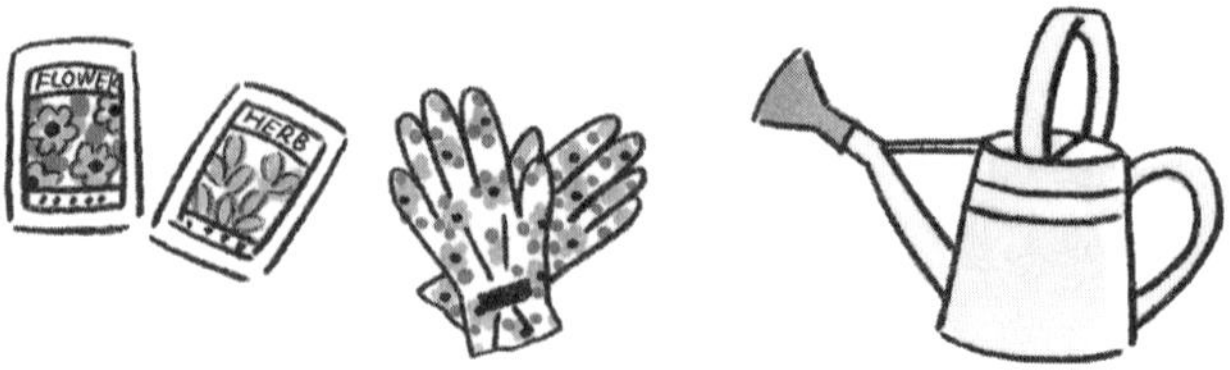

失敗から学べる

失敗の価値は、ほんとうはだれでもわかっているはずです。自分の能力に挑戦しなければ失敗もないし、新しいことでなければ失敗はない。やってみて、失敗したら、そこから学べばいいだけのこと。

それなのに、いざ現実の生活のなかでは、私たちは失敗を恐れます。やってみようとした意欲を評価せず、失敗したという事実を責めます。そしてまた、成功からは学ぼうとするけれど、失敗は「なかったこと」にしがちです。

厳しい社会生活では失敗が許されない場合も多いもの。だからこそ、子どものうちにどんどん失敗させて、どんどん自分の力でそこから学べる訓練をしておきませんか。

失敗にも経験則があります。自分の経験則が身につけば、大人になって失敗の可能性がある何かに挑戦したときも、取り返しのつかないほどの失敗にはならないようにリスクマネジメントできるようになるでしょう。

この年齢なら これくらい

6歳まで

「卵を割ってみたい」というとき、親としては1回失敗すると、つい「もうダメ」と言ってしまいがちです。でも、「なんでぐちゃっとなっちゃったのかな」と聞けば、「力を入れすぎちゃった」と考えるでしょう。「じゃあ、こうしてみたら」と教えて、うまくいったら、どれほどうれしいでしょうか。「黄身が割れても、玉子焼きにすれば大丈夫」と使い道も教えてあげましょう。

10歳まで

どんどんいろいろなことをさせる時期です。うまくできたらほめ、どこかが失敗していたら「どうしてかな」「次にするときは、どんなふうにする？」といっしょに考えましょう。「おかあさんが急がせるから、うまくできなかったんだ」など、失敗を人のせいにするときは、「人のせいにしても解決しないよ」とたしなめて。

思春期から

じつは、失敗の仕方は、親子で似ていることも多いものです。性格と関係するからでしょうか。せっかち、のんびり、緻密、大雑把……「同じ失敗を子どものころによくしたよ。私と似てるのね」と親が笑ってくれたら、子どもも失敗を否定しないのでは。

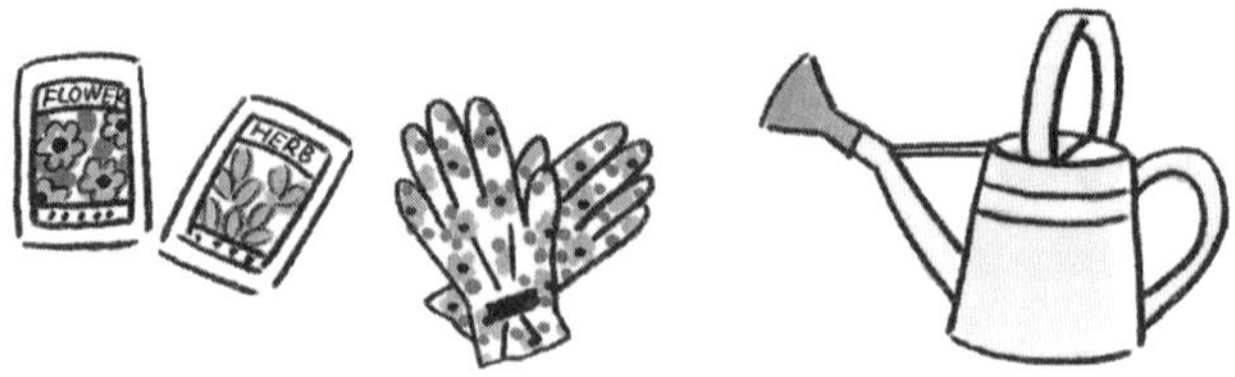

始末がつけられる

32ページの「後始末」と似たような項目ですが、もう少し広い意味です。「責任を取る」と言えばいいでしょうか。

たとえば、学校やよその家で物を壊したとき。親が謝ったり弁償したりしてすませるのは簡単ですが、まず子ども自身が謝り、状況を説明できるといいですね。

万一、子どもが万引きをしたり、不正乗車をしたりしたのが発覚したときにも、親が出て行くのは当然として、まずは子どもに非を認めさせることが最初でしょう。そのうえで、子どもが必要以上のダメージを受けないように、しっかり守ってあげればいいのではないでしょうか。

前項の「失敗」もそうですが、失敗や出来心はだれにでもある。けれど、そこから逃げても事態は悪くなるだけで、自分のしたことに向き合うことで、必ず解決の道はみつかるものです。そう思える強さは、子どもだけでは持てないかもしれません。親の助けがいるのです。

この年齢なら これくらい

3歳まで

この年齢では、まだ自覚的に悪いことをすることはありません。大人の目から見れば、いたずらや悪さであっても、子どもなりの理由があるのだ、とおおらかにみてください。

6歳まで

幼稚園の友だちの髪留めを持って帰ってしまった、などという時、「盗む」つもりではなく、「借りる」とか「ちょっとだけ」と思っていることが多いはずです。「こんな悪いことをして！」と叱っては、萎縮するだけです。「人のものを黙って持って帰っては、いけないのよ」「お友だちはなくしたと思って、困ってるでしょう」と筋道を立てて教え、子どもの手で「ごめんなさい」と返させて。

10歳まで

いつまでも子ども扱いして、「悪気はないのだ」と見逃していませんか。そろそろ、意識的にルール違反をしたり、悪いことをおもしろがったりしはじめる年齢です。まずは親が子どもの様子をしっかり見ていること、見逃さないで親が教えながら子ども自身に始末させることを教えていきましょう。

身のまわりの自然に心が向く

自然――季節の移り変わり、空の高さや月の輝き、虫や鳥の声や姿などへの関心は、自然のなかで育てばだれでもそれこそ天然自然に備わってくるのかもしれません。日本人が自然に親しむ文化をもったのは、自然環境の力だったのかもしれないのですから。

けれども、現代の生活で自然への感性を育むのは、むずかしいように思います。どんな地域であれ、電気やケーブル、コンクリートで都市化され、私たちの関心は外ではなく内に向いています。

一方で、「地球温暖化」など、現実の外の世界をはるかに超えた大きな「環境」への関心は、学校教育の場をはじめ積極的になされています。

この状況は、どこかちぐはぐなのではないでしょうか。自然に目を向け、そこに生きるすべての生き物に同じ命を感じる。子どもにそんな感性をもっていてほしいのであれば、日常の暮らしのなかで、親が目を向けさせる機会を作ってみてください。

この年齢なら これくらい

3歳まで

葉っぱを拾ったときに「汚いから」と捨てさせないで、「つやつやできれいね」などと話しかけていますか。小さな花を摘んで見せてくれたら、「かわいいね」と受け取ってください。

6歳まで

親といっしょに「いちばん星、見つけた」「夕焼け小焼けの赤とんぼ」など、歌をうたいながら自然と親しんだ記憶は、宝物です。まだまだ身のまわりの自然と自分自身が未分化の時期を、大切に過ごしてください。

10歳まで

家の仕事には、自然を感じられるチャンスがたくさんあります。窓を拭くときに「窓に霜が降りてるよ」、お米を研ぐときに「手が切れるみたいに冷たいね」、洗濯物を干すときに「今日は春みたいに暖かいね」……。そんな会話をしながら家の仕事ができるといいですね。

思春期から

物思う年齢には、頭も心もいっぱいいっぱいになりがちです。喜んでついてくる年齢ではないでしょうが、たまには家族で自然に親しんでみては。石川啄木の「不来方のお城の草に寝ころびて空に吸われし十五の心」という歌は、現代の子にも共通するはずです。

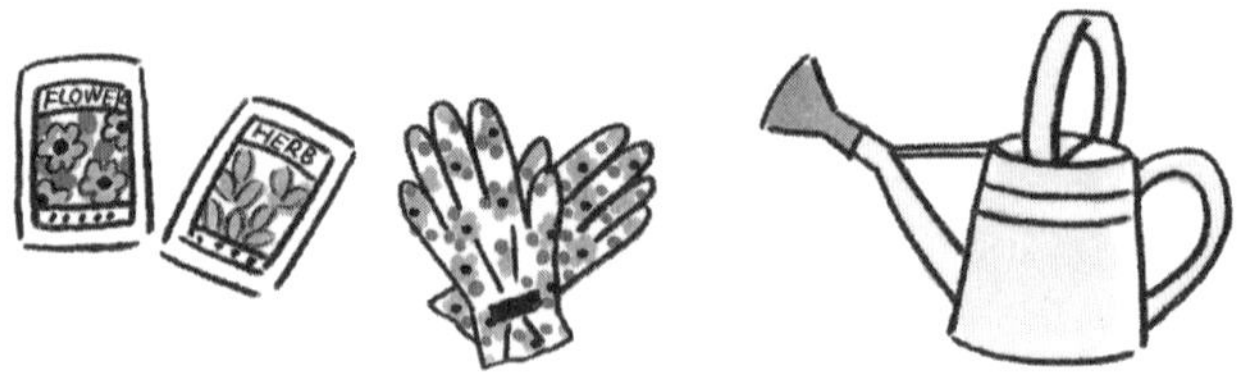

社会とのつながりをもてる

だれもが自分のことだけ考えて、自分の利益になることだけをしていたら、世の中はうまくいかなくなってしまう。社会の一員として、自分から社会に関わったり、役に立とうとがんばったりすることで、自分も気持ちよく生きていける。そんな感覚をもった子どもになってほしいものです。

むずかしく言うと、「義務と責任」であり、「自由と責任」ということですが、理念として人から教えられればわかるものではありません。

逆に、毎日の生活をしっかり営みながら、「自分の力だけでは、この生活は成り立たないなあ」とか、「自分がお金を払うことで、このスーパーがまたいい品物を仕入れてくれるんだなあ」といった、地に足のついた実感があれば、社会と自分との関係を自然に感じ取れるものだと思います。

なんでもない家庭での生活のなかで、子どもが社会との関わりに気づけるチャンスはたくさんあります。そのためにも、親自身が社会への目を開いているかが問われるのではないでしょうか。

この年齢なら これくらい

6歳まで

ゴミを捨てに行くときに、「カラス避けをかけないと、カラスがゴミを食べて、近所の人が迷惑するからね」「スプレー缶が混ざっていると、ゴミ処理の仕事の人が危ない思いをするんだよ」と教えるだけで、自分がゴミを捨てた先にいる人や仕組みについて感じ取れるでしょう。

10歳まで

テレビで「役人は我々の税金で食べているのに」などと言っていたら、「そうだよね」で終わらせていないでしょうか。子どもが理解できる言いかたで、世の中の役割分担を教えられる賢い親でいてください。

思春期から

「友だちが本を万引きしたんだって」などと面白半分で話題にするようなとき、世の中の仕組みを教えてあげましょう。書店の利益は１冊わずかなこと。小さな万引きが、大きな損失になって、本屋さんが成り立たなくなること。そうしたら、私たちは本を買えなくなること。世の中はお互いに支えあっているのであって、すべて自分に跳ね返ってくるのです。

自分のルールを作れる

「親から与えられたルール」のなかで育っていくのが子どもですが、少しずつ「自分で自分を律するルール」を作る訓練をするのが家庭です。大人になるとは、自立してひとりで生きていくと同時に、大人らしいふるまいや考え方を身につけて自律しながら生きていけるようになることです。成長と成熟といえばいいでしょうか。

自律を言い換えれば、「私のルールを持っている」ということでしょう。親の言いなりで規則正しく、まちがいを犯さずにすごせても、親は安心してひとり立ちなどさせられないでしょう。まずは、56ページに書いたように、「家族のルール」を自分の力で守れるようにしつけましょう。次に、家族のなかでの「自分のルール」を作り、そのルールに自分の意思で従う練習を。

たとえば、「外から帰ったら、手を洗う」が家族のルールだとして、「学校から帰ったら、まず宿題をする」が自分のルールというように。

この年齢なら これくらい

6歳まで

おとうさん、おかあさんとの約束というかたちで、子どもなりのルールを考えさせてみましょう。「歯を磨いたあとには物を食べない」が家族の約束でも、「どうしても食べたい物があって、おかあさんがいいといったら、あとで必ず歯を磨く」を○○ちゃんのルールにしてもいいでしょう。食べたあとで歯を磨こうとしなければ、「いっしょに約束したのに、おかしいな」と教えます。

10歳まで

「朝はおかあさんが何も言わない代わりに、自分でちゃんと動くようにする」などの、少々高度なルールでも、そのほうが子どもが動けるなら取り入れてみましょう。やってみて、どうしてもダメなら、「もうしばらくは、おかあさんが時間を言うようにするからね」と修正すればいいだけのことです。

思春期から

この時期までには、これまでの親子関係で「家族のルール」が身についているはずです。いわば親子の信頼関係といってもいいでしょう。その信頼関係にのっとったうえで、「帰る時間が遅くなるときは、電話を入れる」など、家族が心配しないでいられるようなルールを自分で作れるといいですね。

こんなとき　こんなことばがけを

◆身軽にぱっと働ける

パッと動けて、えらいね

すぐしてくれて、助かるわ

「あとで」というなら、もう頼みません

「あとでする」ってばかり言っていると、あてにされなくなるよ

◆明るくすごせる

あなたが怒っていると、みんなが暗くなるよ

学校でなにかあったのなら、教えてちょうだい。心配するから

おかあさんに伝えておくべきことは、自分から話してね

◆自分の弱さを受け入れる

人には強いところも弱いところもあるものよ

そういうこともあるわよ、気にしない

おとうさん（おかあさん）も、同じ失敗をよくしたなあ

おかあさんも、ときどき落ち込むのよね

◆プライドをもっていられる

あなたにはいいところがいっぱいある
あなたが大好きよ
あなたが生まれてきて、よかった

◆勝ちにこだわらない

「人間万事、塞翁が馬」（運命の吉凶は予測できない）
これからどうしたらいいか、いっしょに考えよう

◆人を批判しない

人の悪口を言う子は、おかあさん、嫌だな
あなたならどうするか、教えて

◆家族を大切にできる

家族いっしょだと、幸せだね
家族だから心配するのよ
家族が心配しないように、ちゃんとしてね

◆努力できる

よくがんばったね！
どこまでできるか、やってごらん
応援するよ

◆失敗から学べる
「失敗は成功の母」
「天才は99％の努力と1％の才能」
失敗しても取り返せばいいんだよ
同じ失敗をしないようにしようね

◆始末がつけられる
自分の始末は自分でつけなさい
まちがいは、素直に認めればいいんだよ

◆身のまわりの自然に心が向く
空がきれいだね！
もう春（夏、秋、冬）だね！

◆社会とのつながりをもてる
社会の役に立てる人になってね
だれもが自分のことだけ考えていたら、世の中はなり立たないよ

◆自分のルールを作れる
自分のルールは自分で守るしかないんだよ
自分のルールが守れたら、もう一人前だね

5章

自分らしく生きられるように

幸せに生きられる人

私たちが子どもの将来を思うとき、「自分らしく生きてほしい」という願いが、どこかに必ずあるのではないでしょうか。

一人前に自立し、そしてちゃんと自律していて、親として誇らしいような子に育ってくれるだけでじゅうぶんではあるけれど、子どもが自分の生活や家族、仕事に満足し、「私は生まれてきてよかったなあ」「これが、私の人生なんだ」と心から思っていてくれたら、それに勝る親の喜びはないかもしれません。

「私は自分らしく生きている」「私は私なんだ」と子どもが自信をもてるようになるには、もちろん、親の力だけでは足りません。

親の目や助けを離れたところで、自分の力で判断したり、するべきことを選んだり、失敗したりしながら、いわゆる「自己実現」を果たしていくのでしょう。

その意味で、子どもが親元を離れ、家を出た日のあとからが、「自分ら

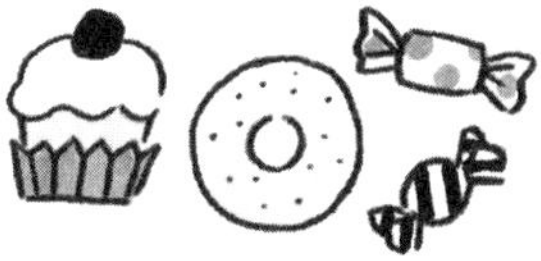

しく生きる」ための経験を積む時期といえます。ほんとうに、親にしてやれることは少ない。

それでも、親の手元にいるうちに、仕込めることはいろいろあります。この章では、子どもが「自分らしさ」に近づくために、そして「自分らしさ」を獲得する力を得るために、親ができることを書いてあります。

とくにこの章は、子どもに教えながらも、親が自身についてもふりかえっていただきたい項目がたくさんあります。

もしかしたら、子どもとともに悩みながら、子どもから学ぶようなこともあるでしょう。

そのような親子の関係もまた、子どもが、そして親が「自分らしく」幸せに生きていくためのたいせつなプロセスなのだと思います。

個性を育てる

人はそれぞれ違うものであって、いいところも悪いところも、その人なりのものをもっています。ただ、だれでも「個性」があるのだから、そのまま放っておけば個性は育つ、というわけではないように思います。

人から見て、「あの人はすてきな個性があるな」と思ってもらえるような、しっかりとした個性は、その本人が自分のなかにあるいいところをしっかり伸ばそうとがんばり、悪いところから逃げないで向き合おうとする毎日から、少しずつ形づくられていくのではないでしょうか。つまり、個性の芽はだれにでもあるけれど、しっかりとした個性として育つためには、自分自身のたゆまない努力が必要だ、ということです。

親は、個性の芽を示すことはできるでしょう。習いごとに行かせたり、「そこがあなたのいいところよ」とほめたり。けれど、そこから先に自分と取り組むのは子ども自身。親は、子どもの励みとなるように、そばで見守ったり、ほめたり、アドバイスしてあげたりしてください。

この年齢なら これくらい

6歳まで

社交的でなくて、みんなとうまく遊べない子に、「どうしてみんなと遊べないの」と求めても、子どもはつらいだけです。「一人で遊ぶのが好きなのね」「入れてって言うのが恥ずかしかったら、お手紙を書いてみたら？」など、恥ずかしがりやの「個性」を大切にしてください。

10歳まで

親としては、子どものいいところを認めたいものですが、「あなたは音感がいいから」「すぐにサッカーがうまくなったから」と、才能を決めつけるのはどうでしょうか。「親が行けというから」という理由で、習いごとや塾に通いつづける子も多いのです。最初は親が準備しても、その先に、子ども自身の「楽しい」「もっとがんばる」という気持ちが生まれてきているでしょうか。

思春期から

個性、人との違いに敏感な年齢です。社会的に、まだ何者でもない自分に不安を覚える年齢でもあります。だからこそ、この時期には逆に「人並みのことができる」ことを要求してもいいのです。「いくら勉強ができても、家の仕事ができないのは半人前」「いくら友だちに人望があっても、学校の規則を守らないような子は社会で通用しない」など。

「いい子」を脱する

このようなしつけの本を手にする人は、すでに子どもに豊かな愛情をもち、しつけにも厳しい親であろうと思います。だからこそなのですが、子どもに対して「親にとってのいい子」を要求しすぎていないか、少し考えてみてください。

人前できちんとあいさつができる子だとうれしいからあいさつさせるのか、人間関係ではあいさつがたいせつと思うからあいさつさせるのか。優秀な学校に行っている子だと自慢できるから行かせるのか、子どもの性格に合っているし、のびのびとした学校生活を送れそうだから行かせるのか。

もちろん、厳密に区別はつけにくいものです。しかし、子どもは、親の視線が子ども自身に向いているか、他人からの評価（いわば「世間」です）に向いているか、を敏感に察知しています。

親の前で完璧ないい子であればあるほど、息苦しい思いをしているかもしれません。

この年齢なら これくらい

3歳まで

子どもの可能性を信じて、早期教育を詰めこみすぎていませんか。子どもに教育を与えられるのは親の喜びですが、この時期はたっぷりの時間をのんびりと興味の向くままにしていることが、大切です。

6歳まで

習いごとの成果を求めすぎてはいけません。この時期の子どもの発達にはかなり違いがあって、同じ年齢でできることに大きな違いがあるものです。「うちの子はすごい」にしろ「まったくだめだ」にしろ、性急に評価していては、子どもが自分の力に向き合う暇がありません。

10歳まで

親の気持ちを察して、自分の本心を隠すような心の動きも出てきます。親が期待するからこそ子どももがんばれるのであって、その兼ね合いはむずかしいのですが、根本に子どものすべてを受け入れる気持ち、子どもの心に寄り添う気持ちがあれば、大丈夫です。

思春期から

この年齢まで反抗らしい反抗がなく、「いい子」で育ってきた子は、もしかしたら自分が出せないでいたのかもしれません。もし、突然、反抗的になったとしても、「急に性格が変わった」「変になった」などとあわてないで。少々の子どもの反抗でも、がっしりと正面から受け止める気構えがあれば、きっと乗り切れます。

人の言いなりにならない

「みんながやっているから」「いっしょにしないと仲間はずれにされるから」――そんな理由で、不本意ながら行動することは、大人社会でもえてして多いものです。残業や休日出勤、飲み会やパーティへの出席、近所づきあいやママ友との関係……。不本意でも、社会のなかでうまくやっていくために必要だ、という判断を、だれもが下しながら生活しています。

けれども、たとえば大麻吸引のような薬物への興味、早い年齢あるいは大人になってからでも節度のないセックスといった、法に触れたり心身に傷を残すようなことに対しても、自分を律せないのは、大問題です。

自分で自分を律するのは、なかなかたいへんなこと。「親の頭が固くって、法に触れることをしたら勘当するっていうんだ」「親が門限にうるさくて、10時には帰らなきゃいけないから」と、子どもが自分を守れるようにしてあげてください。「口うるさい」「厳しすぎる」と最初は親を恨んでいても、自分を律することの価値と親の気持ちに気づく日が必ずきます。

この年齢なら これくらい

6歳まで

親が、お友だちの○○ちゃんと比べて「○○ちゃんがピアノを習うなら、うちも」などと言っていませんか。「△△くんのお弁当はピカチュウだった」と子どもが言うときに、「じゃあ、明日作ってあげる」と言う前に「あなたは、ピカチュウにしてほしいの」ときいてみましょう。

10歳まで

「あの番組を見ていないと、友だちと話ができない」というときに、親が見せたくない番組なら、「うちでは、あの番組はなし」と言ってもいいのです。ゲームについても同じです。「親がダメっていうから」と言うときに、子どもは厳しい自分の親を、ちょっぴり尊敬しているのではないでしょうか。

思春期から

親として制限しなければならないことと、子どもの人格を認めて許さねばならないこととの区別をつけはじめてもいいころです。たとえばテレビ番組でも、親の権限で「ダメ」を通しつづけるか、友だちとの関係でどのように必要なのかを子どもに説明させて許すのか。門限でも、中学生なら有無を言わさずＮＧだけれど、高校生なら行き先によっては10時までは延長可など。

家庭を築くことの意味

今日では結婚、出産は個々人の自由です。一人で生きる人も、夫婦だけで過ごす人も、それが生き方の選択です。親としてこの世に送り出した子どもが、自分の家族を築くとは限らないのが現代です。

それでも、私は、この本を読んでくださっている人には、家庭をもち、子どもを育てる豊かさを、子どもたちの世代に伝えていっていただきたいと願っています。人がこの世に生まれてなしとげうる数少ないことのうち、家族を持ち、次の世代を送り出すことほど、たしかなことはないのですから。

どうぞ、親から子への願いとして、「あなたには家庭をもってほしい」「子どもを生み育てる喜びを経験してほしい」と口に出して伝えてください。

子どもが新しく築く家庭にあるであろう苦労も悲しみも、喜びも生きがいも、すべて子ども自身が育った家庭にあったものと同じでしょう。その意味で、親には自分の家庭を大切にする義務もあると思います。

この年齢なら これくらい

3歳まで

子どもの前では、夫婦げんかはやめましょう。お互いに大切にしあう両親をもった子どもは幸せです。

6歳まで

下にきょうだいがいない子どもの場合、周囲に小さな赤ちゃんがいる家庭があったら、ぜひ連れて行ってあげましょう。赤ちゃんが、両親にどのように慈しまれているか、赤ちゃんのいる家庭がどのように輝いているか、見せてあげてください。それに、小さな子どもは赤ちゃんが大好きなのです。

10歳まで

子どものお手本となるような円満な家庭でいられるのは幸いですが、離婚や死別など家庭が壊れることも珍しくありません。たとえそのようなことがあっても、子どもが両親を好きでいられるように、自分が生まれたことを否定せずにすむように、配慮ができるでしょうか。

思春期から

残念ながら、結婚や出産は、ときの運で得られないこともあるし、なんらかの事情で断念することもあるものです。身体が成熟した時期に、決定的なことがわかったとしたら、どうぞ全力で支えてあげてください。家庭や身体に関するつらいことを、本人と同じ苦しみとして抱えられるのは親しかいません。

男の子として育つ

育て方に男女の違いはあるのでしょうか。男女の性差についての専門的な議論はともかく、家庭のしつけにおいては、明確な違いがあるように思います。

男の子は、男の子の傾向に気をつけて育てられるとしっかりとした子に育ち、あまりに大切に育てられると気の利かない、ぼやっとした子に育つ。あくまでも一般論ですが。

その傾向とは、身のまわりで起きているこまごましたことに気がつきにくい、人の様子に気がつかない、といったことです。よく男性は論理的・抽象的、女性は感覚的・具体的と言いますが、あながちまちがっていない気がします。そのことをふまえ、家庭で、身のまわりのことを自分でさせ、家族に気を配り、自分のルールで自律する練習をするうちに、現実対応能力の高い子になってくれることを期待しましょう。練習するとしないとでは大きな差が出ます。

この年齢なら これくらい

6歳まで

男女の違いは、親が教えるわけではなくても少しずつ出てきています。無理に「男の子だから、家に閉じこもっていないで外でサッカーでもしなさい」などと、「男の子らしさ」を強制する必要はありません。多くのことは、男女差というよりも、その子の個性であるものです。

10歳まで

男の子にはついお手伝いをさせないですませていませんか。家の仕事は、男女問わず、するのがあたりまえ。また、家の仕事から指先の器用さや段取りする力、家族の状態に気がつく力がつくことを思えば、男の子にこそ、積極的に家のことをさせてください。

気が利く男の子は貴重な存在できっと社会に出ても重宝がられるでしょう。

思春期から

頼もしくなってきた息子に対して、母親は世話を焼きすぎてはいけません。父親と息子では、父親のほうが家庭の中心であってしかるべき。家庭があまりにも快適だと、息子はいつまでたっても自立できないかもしれません。親の子離れが必要な時期です。

女の子として育つ

女の子の傾向とは、なんでしょうか。私は、女の子は生まれながらにして完成されている、といった感じを抱いています。つまり、小さなうちから、どことなく大人びているのです。いつまでも未熟な感じのする男の子とは、大きな違いです。

身のまわりのことに優れ、人の感情に敏感で人間関係を調整ができる。だから、小・中学生の時期には、女子が男子を圧倒しています。体力的にも、思春期前半くらいまでは女子のほうが男子を上回ります。付け加えれば、人生の後半にも、ふたたび女性のほうが体力がある時期がめぐってきます。

女の子に必要なしつけとは、このような精神的・体力的な「強さ」をコントロールする方法を教えることなのかもしれません。そしてまた、圧倒的に男子のほうが力の強い時期（性的な成熟期はこの時期です）に、身を守るための知恵を教えることも。言葉にするとややこしいのですが、これらは昔ながらの女の子のしつけに相通ずることだと思います。

この年齢なら これくらい

6歳まで

前項でも書いたことですが、この時期に「女の子らしさ」を強要する必要はないでしょう。活発な子、内気な子、ヒーローものが好きな子、ファンタジーが好きな子、いろいろいて、あたりまえです。

10歳まで

家の仕事をさせるときに、「女の子だから」と言っていませんか。男女は平等だ、と言いつつ、おとうさんは家事も子育ても一切しない、という家庭ではありませんか。

思春期から

身体を守ることを教えましょう。足を開いて座らない、冷たい床にじかに座らない、お腹を冷やさない、下着のようなファッションで夜の街を歩かない。女性の身体を持って生まれ、母親となる特権を持っているのです。自分の身体を守ることは、自分の子どもを守ることであり、また自分を傷つけることは、自分の母親も傷つけることなのだ、と伝えてください。そしてまた、身体と心は切り離せるものではなく、身体が傷つけば心も傷つくことを、親の言葉で教えてください。このような教えは、けっして男尊女卑の考え方ではありません。男女が違う身体を持っていることは生物学的な事実であり、違う身体には違う配慮が必要なだけです。

選ぶ力・捨てる力

現代という時代は、ありすぎる時代と言えます。不況とはいえ、ありあまる物が世の中を流通し、家庭にストックされています。情報もメディアもありすぎるし、職業の選択や結婚などの自由も保障されています。

ありすぎるもののマネジメントのしかたは、暮らしの知恵としてまだ定着していません。収納法であれ、ほんとうに賢い買物の仕方であれ、ワークライフバランスであれ。ありあまるなかで育った世代が、いまの親の世代。まだ次の世代に知恵として教えるには、試行錯誤の最中なのです。

同じ試行錯誤を子どもにくりかえさせないようにするにはいま、親自身が悩み、生活のなかで実行しようとしていることを、子どもが小さなうちから練習させてください。

自分らしさとは、可能性のなかによりも、何を捨て去ることができるかから見えてくることがあるものです。ありあまる選択肢のなかから、思い切って捨てる。その潔さが、自分らしく生きる第一歩かもしれません。

この年齢なら これくらい

3歳まで

なんでも与えたくなるかわいい時期ですが、この時期から我慢したり、選んだり、使わない物を捨てたりする練習をはじめましょう。お菓子をほしがったときに「昨日も買ったから、今日はいけません」「レストランではお菓子は買いません」と言えるでしょうか。根くらべになることもあるでしょうが、ここが勝負です。

6歳まで

この年齢でも、自分のことならば、充分に判断できます。片づけのときに、「もう読まない本は出しなさい」と言って、横で手助けしてやれば、「これはもういい」と出せるのです。洋服も、小さくなった服を勝手に処分する前に、「これはもう小さいね。捨てるからね／あげるからね」といっしょにさよならしましょう。

10歳まで

思い出の品を大切にしているなら、思い出専用の箱や棚を作ってあげましょう。そこに移動させるのは、子どもに判断させてください。

思春期から

入りたいクラブ、行きたい習いごとなど、したいことを自分で選ぶときに、親がよき相談相手になってあげましょう。親身に聞いてくれる相手に話しているだけで、自分で答えが見つかるものですから、指図したり否定したりしないで、ゆっくり聞いて必要なアドバイスを。

断る力・逃げる力

嫌なことでも立ち向かう強さも必要ですが、自分を損なうことからは逃げる強さも必要です。物理的に、あるいは精神的にできないことを無理に受け入れるのは、よくない結果を生むものです。できないことは断るほうが礼儀だし、危険な場所に遊びに誘われたら逃げたほうが安全です。

どうしたら、じょうずに断ったり、逃げたりできるのでしょうか。要は見極めとタイミングです。「これは、できない」「これは、危ない」と思ったら、即座に判断して、その場で断り・逃げる。瞬間的というか直感的な判断力と行動力がものをいうように思います。

そして、直感的な行動が取れるのは、つみかさねた練習次第。どこまでなら大丈夫か、どこから先がレッドゾーンなのか。

自分らしく生きるためには、ときには「いや」と言うべきだ、と教えてあげてください。自分だけは否定せず、自分からだけは逃げださないために必要なことです。

この年齢なら これくらい

3歳まで

子どもがひとりでなにかをすることはないでしょうが、お友だちが嫌なことをしてくるなら「イヤって言いなさい」と教えてもいいでしょう。近所に危険な場所があったら、いっしょにそばを通ったときに「ここは入ってはいけないのよ」と教えてください。

6歳まで

子どもがふざけて嫌なことをしてきたときに、感情的に「やめて！」と振り払っても、わからないかもしれません。「おかあさんは、そういうことをされるのは嫌なの」と説明すれば、理解できるでしょうし、「そうか、こうやって断ればいいんだ」ともわかるでしょう。

10歳まで

いじめられていると親がわかったときには、子どもに「どうしてほしい？」と聞いてみてください。学校には居場所がなくても、塾や習いごとなど生き生きできる場所がほかにあれば、その時期を乗り越えられるかもしれません。本気で取り組めるものがあれば、敗北感はないはずです。

思春期から

いじめに関しては、小学校高学年にもなればかなり深刻な事態にもなりかねません。たとえ子どもが「大丈夫」と言っていても、見ていてもう無理そうだと思ったら、学校をかえさせる決断は親がするしかないでしょう。

幸せを感じられる

幸せとは、感じる能力がある人のところに、集まってくるものなのではないでしょうか。

生まれつき、ささやかなことから幸せを感じ取れる才能に恵まれた人もいますが、私たちの多くは、もっとすばらしい何か、もっと充実した何かにこそ、幸せがあるのではないか、それはまだ手に入っていないのだ、と思って幸せになれないように思います。

それでも、この歳まで一所懸命に日々を生きていれば、少しずつ身近でたしかな幸せの存在を感じられるようになっているはず。子どもには、親がどのように幸せを感じ取っているかを、毎日の暮らしのなかで、具体的に、こまやかに伝えていきませんか。

「そうか、幸せってこういう気持ちのことなんだ」と、子どもなりに理解して、次には、自分の幸せをしっかり見つけていってくれるに違いありません。

この年齢なら これくらい

3歳まで

「(家族) みんなでいっしょで、幸せね」「ごはん、おいしいね、うれしいね」「お風呂、あったかいね。気持ちいいね」など、子どもがうれしそうにしているときに、親も共感し、気持ちを伝えることは、ほんとうに大切です。

6歳まで

一日の終わりの「ああ、お茶がおいしい。ほっとするなあ」、洗濯物を取り込むときの「ぱりっと乾いて、幸せ！」、干したての布団に入って「ほかほかでしょ。おかあさん、幸せ」など、日々の身近な幸せを教えてあげてください。

10歳まで

そろそろ「えー、おかあさん、そんなことで幸せになっちゃうの」などと、ませたことを言う子もいるでしょう。そんなときこそ、「そうなのよね、ビールがおいしいときって、生きててよかったって思っちゃうのよ」「あなたも大人になったら、この幸せがわかると思うよ」などと、せいぜいうらやましがらせてください。

思春期から

「幸せって、なんだろう」「生きるって、どういうことだろう」といった抽象的なことを考える年齢です。人生における、もっとも哲学的な年齢かもしれません。ちらっとそんな疑問を口にしたとき、「おかあさん(おとうさん)は、こう思っているんだ」とまじめに答えてあげられる親でいてください。

理想を持てる

子どもに、高い理想をもつことの価値を教えられるでしょうか。「理想」は、「目標」「志」「夢」「課題」などと言い換えてもいいでしょう。

現実はときとして厳しく、人生は思いどおりにならないこともあります。けれど、理想を掲げるからこそ、そこに向かって努力する力もわいてくるし、少しずつ成長する喜びも自分のものにできるのだと思います。

理想とは、かなうことが重要なのではなく、そこに向かって努力することに意義がある。価値のある理想を持てば、それがかなわなくても、別の道が必ず開けてくる。そう伝えてください。

現実的な理想でも、夢のような理想でもいいのです。「足が速くなりたい」「あの学校に入りたい」「人の役に立つ仕事をしたい」「ノーベル賞をもらえるような科学者になりたい」「自分の家族をもっていいおとうさんになりたい」……、子どもの成長のステップごとに、目指したい理想があるでしょう。「がんばれば、きっとかなうよ」と親は信じてあげたいですね。

この年齢なら　これくらい

6歳まで

子どものいいところを、いっぱいほめてあげてください。ただ、やたらにほめればいいわけではなく、「客観的に見ても、なかなかうちの子はいいな」と思えるところや、子ども自身が自信をもっているところを、「人の気持ちがよくわかるのが、あなたのいいところよね」「小学校に入ると、理科の実験がいっぱいできるよ。楽しみだね」など、じょうずに認めて。

10歳まで

学校で「将来の夢」が作文のテーマになることもあるでしょう。子どものうちに、なりたい職業が見つからなくても、当然です。もし「何になりたいかわからない」と言うなら、違う理想の持ち方を教えてください。「有名な人になりたい」「すごい発明でノーベル賞を取りたい」「おかあさん（おとうさん）みたいになりたい」「やさしい人でいたい」なども、すばらしい理想です。

思春期から

親が小さなときに、どのような理想を持っていたか、話してあげていますか。夢をかなえたのか、違う夢を見つけたのか。挫折があったのか、失敗もしたのか。お説教としてではなく、自分のことをきちんと語れる親は、子どもにとって尊敬できる親なのではないでしょうか。

家を出る日に備える

「子どもが家を出て行く」、言い換えれば「子どもを家から追い出す」ことが、子育てに組み込まれていなかった時代は、そうはなかったでしょう。

子育てとは、親にとって経済的にも肉体的にも、大きな負担です。楽々暮らせる身分でなければ、いつまでも抱えていられるものではなかったでしょうし、生活に困らない身分であれば今度は家の継続という大きな課題があって、成人した子どもを養っておく余裕はなかったはず。

いつになったら家を出しても大丈夫かと親は考え、いつになったら自力で生きていかねばならないのかと子どもは覚悟するのが、あたりまえの姿であり、そのなかで子どもは自然に自立していったのでしょう。

ところが現代はどうでしょうか。子どもがいつまで家にいても困らない時代であるとはいえ、自立を先送りしていては問題です。折に触れて「あなたが家を出る日には」と語る親の言葉が、「家を出る日」を考えさせるのではないでしょうか。

この年齢なら　これくらい

6歳まで

おとうさんやおかあさんが育った家のことについて、話してあげましょう。おとうさんおかあさんもまた、親の家で育ち、そこを出て、いまの家庭を作ったのだ、それは幸せなことなのだ、と子どもが感じてくれるといいですね。

10歳まで

身の回りのことができるでしょうか。あいさつや気配りなど、人に対して気持ちよくふるまえるでしょうか。学ぶことに対して、前向きでいるでしょうか。子どもの時期に、人生の基礎が身体に入っていれば、あとはもう安心です。

思春期から

かつてであれば、男女ともに14歳前後に元服など大人になる儀式がありました。早い場合は、家督を継いだり、結婚したりすることもあったでしょう。もちろん、現代ではそれは早すぎますが、中学校に入るとき、高校に入るときなどに、ひとり立ちの日のことを親子で話してみてはいかがでしょうか。

子どもの発達段階

この本では、子どもの発達段階を年齢によって4つに区分していますが、子どもの発達はその子によって、あるいは親子関係によって、大きく違います。本来なら、年齢で区分はしにくいとはいえ、親が子育てするときには、年齢は重要な目安となるのも事実です。また、年齢によって幼稚園、小学校などと環境も変わるので、年齢区分には、ある程度意味があると思います。この本では、4つの年齢区分を、以下のように考えています。

●3歳まで
この本では、1歳未満の乳児期を省いて考えています。1歳未満、つまり足で歩き言葉を発する以前は、少し話が違うのです。1歳過ぎから3歳前後という年齢では、自分をとりまく世界やほかの人がいることがわかってきます。想像力も出てきますが、うそと事実のちがいは判断できません。まだ母親から離れると不安な年齢です。

●6歳まで
自分と他人とは違うのだ、ということがわかってきます。いわゆる自我の芽生えです。それで自分のしたいことにこだわります。そして、母親と離れても遊ぶことができるようになり、社会的な役割も理解します。言葉のやりとりが活発になるけれど、他人の視点に立って考えることはまだむずかしい年齢です。

●10歳まで
幼児期と青年期のあいだにある、比較的安定した時期と言われます。見えないもの——感情や意図や信念、善悪などがあることを理解して、人間関係についても集団や役割、地位などがあることがわかってきます。

●思春期から
第二次性徴と呼ばれる身体の変化が起きます。身体の変化にともなって、「私とは何だろう」とアイデンティティが揺らぐ時期と言われます。子どもの自我から、青年（成人）の自我へ、大きく変わろうとする年齢です。

しつけを伝える5つのポイント

同じ言葉でも、叱るか怒るか、大声で言うか落ち着いた声で言うかで、子どもへの伝わり方は違います。同じ内容のことでも、プラスの表現をするか、マイナスの表現をするかによって、子どもの気持ちは変わるでしょう。

ここでは、親の態度や言葉づかい、もののとらえ方といった、しつけを左右するポイントについて考えてみましょう。

ほめる・叱る

最近は、「ほめて育てる」という考えかたが定着してきました。人は認められることで「もっとがんばろう」という自信や気力がわいてくるのですね。ほめられるときに、どんどんほめる。それでいいのですが、人をほめたり、叱ったりは、なかなか奥深いことでもあります。

ほめる一方の親では、子どもは「自分はほんとうにほめられる中身があるのだろうか」と逆に不安になったり、ほめられるために無理したりするかもしれません。実力を伴わないプライドばかりが大きくなって、いざ家庭から出たときに何もできないことに気がつく場合もあるでしょう。

もちろん、叱ってばかりの親でも、「自分にはいいところがないのかも」と自信をもてなかったり、反抗的になったりしてしまうかもしれません。

子どもがすてきなことをしたり、がんばったりしたときには心からほめ、「親として許さない」ことをしたときには厳しく叱る。その兼ね合いがうまくできるといいですね。

この年齢なら これくらい

3歳まで

たとえ小さな子でも、親が信念をもって叱ることは必要です。ほめたり甘やかしたりするほうが、親も楽なのであって、本気で叱るにはエネルギーも覚悟もいります。そして、その本気は、必ず子どもに伝わって、自律できる心の基礎となると思います。

6歳まで

たくさんほめられて、たくさん叱られて、たくさんの愛情を注がれて、この時期を育った子どもは、驚くほどの成長と、自立を見せるでしょう。子どもの態度や言葉はつたなくても、善悪や正否を感じ取る能力は大人より優れているように思います。子ども自身が（内心）納得できるほめかた、叱りかたがあるのではないでしょうか。

10歳まで

学校の勉強や習いごとの上達などでほめる機会は多いでしょうが、それ以外のことにも目を配っていますか。小さい子にやさしくしていた、おとうさんの忘れ物に気がついた、など、ささやかなこともほめてあげて。

思春期から

一人前に見えても、親から正当にほめられることを求めています。そして、まっとうに叱られることも。表面的な無関心や反抗にまどわされないで、親の愛情の表れとしてほめて、叱ってください。

見守る・見逃す

親が愛情を持って放任していると、子どもはのびのび育つと言います。一方、愛情があり過干渉（過保護）な親だと子どもは自立しにくく、愛情が少なくて過干渉や放任では、子どもは自信やプライドをもちにくいとも言います。子育てのコツは、つまり「見守る」ことなのです。

年齢に応じて、少しずつ手や口を離しながら、でも親であるかぎりはずっと子どものことを目にとめていること。それができていれば、子どもは親に守られているという安心感のなかで、自分の力を試しながら成長していけるのではないでしょうか。

「見守る」ためには、どこまで「見逃す」かも問われます。失敗したり、はめをはずしたりするのも、子どもが成長していくプロセスではたいせつなことだからです。私は、親として「これだけは譲れない」といういくつかの信念さえ通していれば、あとはたまには見ないふりをしたり、「まあ、そういうこともあるよ」と見逃してもいいのだと思います。

この年齢なら これくらい

3歳まで

この年齢の「見守る」とは、「待つ」とイコールだと考えてみてください。ゆっくり自分のペースで食べるのを待つ。向きを考えながら靴をはくのを待つ。親がささっと手を貸してあげれば早いのですが、そこを我慢して待てるでしょうか。

6歳まで

親が見ていてくれると思うと、ひとりでも遊べたり、大胆なことができたりする年齢です。見ていればいいからと、子どもが遊ぶ横で携帯メールを打ったりしていては、子どもはさびしいものです。毎日、子どもから目が離せない母親はたいへんですが、子どもといるときは子どもに関心をもってあげてください。おばあちゃんや近所のママ友をじょうずに頼りにして、子どもから解放される時間を作って、楽をすることも忘れずに。

10歳まで

学校から帰ってもひとりで留守番できる年齢ですが、「お帰りなさい。おやつは○○」というおかあさんからの手紙があれば、どれだけうれしく、安心するでしょう。

思春期から

この時期に、「愛情をもった放任」がじょうずにできる親は、かなりかしこい親でしょう。思春期は、いわば親子が真剣に葛藤する時期です。余裕をもって子どもに接せられるのはすばらしいですが、余裕がもてなくて悩みながらでも、子どもに向き合う気持ちは伝わっています。

共感する

同じことを言いたくても、ただ正論を言ってお説教をするのと、子どもの事情や気持ちに共感しつつ親の意見を伝えるのとでは、違うものです。言っている内容が正しければ正しいほど、受け取る側は、なぜだか反発したくなるもの。おまけに相手は親なのだから、太刀打ちできません。

たとえば、サッカークラブの練習がきつくて、行きたがらない。「スポーツは苦しい練習をするからこそ、実力がつくんだ」と、正論を言っても、じつは子ども自身、よくわかっている。わかっていてもつらい気持ちを、自分ではどうしようもない。そんなときに、親が「たしかに、ハードな練習だよね」と共感すると、「うん、途中で泣きたくなるんだ」「そうか、つらいね」「でも、そうやってがんばっていると、強くなれるんだよね。僕、もう少しがんばってみる」などと会話できるかもしれません。

だれでも自分のなかに答えをもっているものです。共感するとは、子どもが自分の心のなかの答えを見つけるための、親の助けなのです。

この年齢なら これくらい

3歳まで

ちょっとしたすり傷を作ってしまったときなど、「ここ、いたいの」「ばんそうこう、はって」などと、言ってくるでしょう。たいしたことはなくても、「痛かったね」「いたいのいたいの飛んでけ」などと親が共感してくれたら、「もういたくない」とけろっとできるものです。

6歳まで

親にたくさん共感してもらえた子どもは、親に共感することも覚えるでしょう。親がどこかにひざをぶつけて痛がっているときに、「痛いの？」「痛いの痛いの飛んでけしてあげる」などと言ってくれたら、「○○ちゃんがよしよししてくれて、痛いの直っちゃった」と抱きしめて。

10歳まで

学校で先生に厳しく叱られて、しょんぼりして帰ってきたとき。「授業中に騒いだあなたが悪いんでしょ」とあっさり言うのもいいけれど、「あなたが悪いんだから、しかたないわね。まあ、叱られると落ち込むのはわかるけど」などと、ちょっとだけフォローしてあげても。

思春期から

珍しく悩みごとを話し出したとき、ここぞとばかりにお説教したり、アドバイスしたりしたくなるでしょうが、ぐっと我慢してみてください。「そうか、そんなことを思ったのね」「それは困ったね」など共感の言葉があるだけで、子どもは自分の考えを整理できます。

おどす

「食べてすぐに寝ると牛になるよ」「悪い子にしているとサンタクロースが来てくれないよ」「泣く子は、なまはげが連れて行ってしまうよ」など、親が子どもをしつけるときに、ちょっとしたおどしをする習慣は、どんな文化にも見られます。昔から、しつけにはてこずるものだったのでしょう。

私は、このような古典的なおどしは、現代の生活にも必要なのではないかととらえています。子どもは、そこから、理屈ではなく従うべき「なにか」への畏《おそ》れを学びます。それは、人として幅広く豊かなこと。

じょうずに、このような紋切り型のおどしを使いこなしてみるのも、よい手だと思います。ただ、「そんな子は、おかあさん、嫌いになっちゃうから」「悪い子だから、強盗に殺されちゃうよ」など、子どもが心から悲しむ言いかた、恐怖におびえるような言いかたは、なしです。また、「もう、知らないから」「勝手にすれば」と突き放したくなったとき、「私は、子どもを自分の思いどおりにしたいだけでは」と冷静になってみてください。

この年齢なら
これくらい

6歳まで

おばけを怖がるなど、現実と想像の世界の区別がはっきりついていない年齢です。いわば霊的な、物語的な世界に生きているとも言えるわけで、だからこそ「おどし」がリアルに怖いわけです。怖がらせることを目的にしないで、「でも、○○ちゃんにはおかあさんがついているから、だいじょうぶ」などと、最後にはフォローしてあげてください。
また、「片づけないと捨てちゃうから」などと言うときは、必ず捨てる覚悟をもって。「おかあさんは口だけ」と思うようになっては困ります。

10歳まで

ちょうどサンタクロースを信じなくなる年齢です。とはいえ、怪談が好きだったり、ファンタジーを読んだりと、違うレベルで魂の畏れを感じたい年齢とも言えます。おとうさんおかあさんが、自分の両親から言われて心に残っているような「おどし」「おだて」を伝えるのも大切です。私なら、「トイレ掃除をするといいお嫁さんになるよ」です。

思春期から

「そんなことをしていると、いい大学に入れないから」など、いわば現世利益的なおどしは、有効かもしれませんが、表面的な利益で物事を計るのをすすめるようなものです。「おかあさんは私が大事なんじゃなくて、いい大学に入ってほしいだけなのね」「おかあさんの思いどおりになんかならないから！」と言われないように。

「まだ早い」「もう遅い」

子育てをしていると、「○か月までに」「○歳には」と、いつも指を折って照らし合わせているような気になります。ほかの子と比べてたり、育児書を読んだりして、「できるのが遅いのでは」「いまからやっても間に合わないのでは」と心配になることもあるでしょう。

他人なら気軽に「子どものときは違いが大きいものよ」と言えますが、自分の子に関しては「それでも」と思うのが、親なのです。

とはいえ、いくら心配しても、子どもは子ども自身にふさわしいスピードで成長していくのであって、親の力でそのスピードを変えることはできないように思います。親だからこそ、子どものいまを大切にして、「やってみたい」ということは「まだ早い」と止めずにやらせてみせ、「嫌だ」「したくない」ということは「あとからでは遅い」と思わずに、しばらく様子を見る余裕をもってみましょう。子どもは自分の力で、そのとき必要なことを求めていくものです。

この年齢なら これくらい

3歳まで

つい、「○歳○か月ではこのくらい」と、物差しを当てたくなる時期です。とくにひとり目の子どもに対しては、あれこれと気にするものでしょう。でも、子どもは育つように育ちます。何人も子どもをもっているおかあさんのような、どっしりしたおおらかさを見習いたいですね。

6歳まで

就学前の学習やしつけに、親がいちばん熱心な時期でしょう。でも、この時期は子どもが自分のペースでのんびり過ごし、好きなことをして、たくさんの生きる力を蓄える時期でもあります。焦らずに、あたたかく子どもの成長を見守ってください。

10歳まで

このところ、育児雑誌や学習雑誌では「10歳」がひとつのキーワードになっているようです。たしかに発達の大きな節目がこのくらいの年齢に来るけれど、だれもが同じ発達をしない複雑さが人間のすごいところでもあります。

思春期から

思春期は、いままでの親子関係を築きなおす時期です。言うことも聞かなくなるし、あとは子どもに任せておけばいいのでは、と思うかもしれませんが、それこそ「まだ早い」のではないでしょうか。親の目は、家を出て独立するまでは子どもから離さないで。

おわりに

子どもが家を出て行く日のことを考えると、思わず胸が痛くなります。親と子という深いつながりをもった幸せな時期が終わるのだ、そのあとは、大人同士の違う関係になっていくのだろう、という寂しさがもたらすのでしょうか。

親にとっての娘であった頃に、家を出た日は、やはり胸が痛みました。親から離れる寂しさと、親を置いて出ていく申し訳なさがもたらす心の痛みでした。ただそれは、これから先に広がる自分自身の人生への畏れと、ひとりで生きられる開放感で、あっという間に消え去りました。

親になってみると、その当時、私の親が感じていた哀しみや寂しさを、ほんとうにはわかっていなかったのだと申し訳なくなります。けれども、それでいいのでしょう。

私の子どもたちもまた、同じ希望に満ちた痛みをもって、ひとり立ちしてほしいいし、そして親としての痛みを知る日が来てほしいと思います。私自身は、子育てを終えたとき、かつての私よりももっと成長した豊かな人間として、ひとりで（あるいは伴侶とともに）しっかりと新しい理想を掲げて歩めるようになっていたいと思います。

この本を手にした方たちが、いずれ来るべき日に、寂しさと同時に、誇らしさと安心感をもって子どもを家から出せることを、この本がその助けとなることを、心から願っています。

２００９年３月

辰巳　渚

家事塾のこと

辰巳渚は、著作活動や講演活動のほかに、いっしょに学ぶ場を作っています。「片づけ」や「家事」を通して自分の生活をよりよくする方法を考えたい大人、「お手伝い」を通して気持ちのいい生活を考えたい親子など、さまざまな方といっしょに、講座を作っています。関心のある方は、辰巳渚のオフィシャルサイトか、家事塾ブログ（http://blog.goo.ne.jp/kajijuku）をごらんください。

辰巳渚●たつみなぎさ

文筆家、消費行動研究家。1965年生まれ。お茶の水女子大学卒。専門は家庭教育、ライフスタイルの変遷と予測、消費行動の分析。(株)家事塾代表。子ども環境アドバイザー（子ども環境学会認定）としても活動。著書に『子どもを伸ばす　お片づけ』『母の作法』『「捨てる！」技術』『日本人の新作法』など多数。一男一女の母。
オフィシャルサイト http://www009.upp.so-net.ne.jp/tatsumi/

デザイン・渡辺真知子　イラスト・清田貴代

子どもを伸ばす　自立のための家庭のしつけ
家を出て行く日のために親としてすべきこと

発行日　2009年4月1日　第1刷発行

著者　辰巳渚
発行者　岩崎弘明　編集　田辺三恵
発行所　株式会社岩崎書店
東京都文京区水道1-9-2 〒112-0005
電話　03-3812-9131（営業）03-3812-1757（編集）
振替　00170-5-96822
印刷所　三美印刷株式会社
製本所　株式会社若林製本工場

Published by IWASAKI Publishing Co.,Ltd.
Printed in Japan
ISBN978-4-265-80180-0　NDC599

岩崎書店ホームページ　http://www.iwasakishoten.co.jp
ご意見をお寄せください　hiroba@iwasakishoten.co.jp
落丁本・乱丁本はおとりかえいたします